논·술·세·계·대·표·문·학

56

어린 왕자

생 텍쥐페리 | 이세린 엮음

야간 비행

H 훈민출판사

프랑스 리옹 ─ 생텍쥐페리의 고향이다.

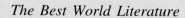

The Best World Literature

〈어린 왕자〉의 표지에 실린 삽화

생텍쥐페리가 어린 시절을 보냈던 집

생텍쥐페리의 얼굴이 실린 프랑스의 50프랑짜리 지폐

7세 때의 생텍쥐페리- 형제 자매들로, 오른쪽에서 두 번째가 생텍쥐페리이다.

〈남방 우편기〉의 배경이 된 건물 - 지금도 그대로 보존되어 있다.

부인과 함께한 생텍쥐페리

파리의 개선문

The Best World Literature

파리의 노천 카페

1944년 7월, 생텍쥐페리가 정찰 비행을 나갔다가
행방불명이 된 비행기

구인환(丘仁煥)

서울대학교 사범대학 졸업. 동 대학원 졸업(문학박사)
서울대학교 명예교수, 소설가(현). 서울대학교 사범대학 국어교육연구소 소장(현)
문학과문학교육연구소 소장(현). 국제펜 한국본부 부회장(현)
한국소설문학상(1987). 예술문화대상(1994). 한국문학상(2000)
작품 〈숨쉬는 영정〉, 〈살아 있는 날들〉, 〈일어서는 산〉 외 다수

• **저서** 《한국단편소설의 이해》, 《한국현대소설의 비평적 성찰》,
  《고교생이 알아야 할 소설》, 《고교생이 알아야 할 세계단편소설》 외 다수

윤병로(尹柄魯)

성균관대학교 국어국문학과 졸업. 동 대학원 졸업(문학박사)
성균관대학교 교수, 문학평론가(현). 한국현대소설학회장(현)
한국문예학술저작권협회 이사(현). 한국간행물윤리위원회 위원(현)
한국펜 문학상(1987). 한국문학상(1988). 대한민국문학상(1989)
수필집 《나의 작은 애인들》 외 다수

• **저서** 《현대 작가론》, 《한국 현대 소설의 탐구》,
  《한국 근대 작가 작품 연구》, 《한국 현대 작가의 문제작 평설》 외 다수

홍성암(洪性岩)

고려대학교 국어국문학과 졸업. 한양대학교 대학원 국어국문학과 졸업(문학박사)
동덕여자대학교 교수, 소설가(현). 한국문인협회 회원(현)
한국소설가협회 이사(현). 국제펜 한국본부 소설분과 이사(현). 한민족 문화학회 회장(현)
창작집 《큰 물로 가는 큰 고기》, 《어떤 귀향》 외
대하역사소설 《남한산성》 (전9권) 외 다수

• **저서** 《문학의 이해》, 《현대 작가론》, 《한국 근대 역사소설 연구》 외 다수

기획 · 감수

파리에 있는 루이 14세의 기마 청동상

논술 *세계대표문학*을 펴내며

　21세기의 사회는 **'전자 문명 시대'**라 일컬어질 만큼 오늘날 전자 산업은 우리 생활의 거의 모든 분야에 다양하게 응용되고 있습니다. 출판 분야 또한 예외는 아니어서, 종래의 서책(Book) 대신에 이른바 '전자책(CD-ROM)'의 출간이 최근 들어 날로 증가하고 있습니다.

　그러나 이러한 전자책은 영상 또는 모니터상으로 흥미 위주나 백과사전식 지식을 습득하는 데는 효과적일지 모르지만, 문학 공부를 위해서는 별로 도움이 되지 않습니다. 바꾸어 말하면, 문학 공부는 각 지면마다 살아 숨쉬는 표현 하나하나를 독자 자신의 머리로 음미하면서 작품을 읽어 나가는 가운데, 풍부한 상상력의 배양과 함께 작가의 의도와 그 작품의 내면을 깊이 있게 이해함으로써 이루어지는 것입니다.

　이에 훈민출판사에서는, 자라나는 학생들이 범람하는 영상 매체에 길들여지기 전에, 어려서부터 유명한 세계문학 작품들을 책자를 통하여 감명 깊게 읽고 감상함으로써, 올바른 문학 공부의 기틀을 다지고, 아울러 전인 교육도 할 수 있도록 《논술 세계대표문학(전60권)》을 펴내게 되었습니다.

　작품 선정은, 초·중·고등학교 국어 교과서와 역사 교과서에 실리거나 소개된 문학 작품을 중심으로 하되, 그리스 신화와 성경 이야기 등의 고전에서부터 중세·근대·현대에 이르기까지 세르반테스·셰익스피어·톨스토이 등 세계 유명 작가들의 장·단편 소설들을 엄선·수록하였습니다. 또 세계의 명시도 별권으로 엮었으며, 특히 각 단락마다 **'논술 문제'**를 제시하여, 장차 대학입시를 비롯한 각종 '논술 고사'에 예비 지식을 쌓을 수 있도록 배려하였습니다. 아무쪼록, 이 《논술 세계대표문학(전60권)》이 자라나는 학생들에게 문학 공부의 주춧돌이 되고, 나아가 미래를 살아가는 데 **정신적 자양분**이 되기를 진심으로 바라 마지않습니다.

훈민출판사

차례

어린 왕자

야간 비행

생텍쥐페리

지은이

1900~1944년. 프랑스 리옹에서 출생. 1929년 최초의 작품 〈남방 우편기〉에서
부터 〈야간 비행〉과 〈인간의 대지〉, 그리고 〈어린 왕자〉를 집필하여 '비행문학' 의 장
르를 만들어 내었다.
제 2차 세계대전 때인 1942년 연합군의 북아프리카 상륙 작전이 성공하자 생텍쥐
페리는 알제리의 정찰 비행대에 편입하였으며, 그 후 제트기의 원리를 연구함과 동
시에 〈성채〉의 원고를 정리하기도 했다. 그러나 1944년 7월, 출격을 나갔다가 행
방불명되고 말았다.

어린 왕자

레옹 베르트에게

　내가 이 책을 어른에게 바치는 것에 대해서 어린이들에게 용서를 구합니다. 하지만 거기에는 그럴 만한 이유가 있답니다. 우선 어른은 나와 가장 친한 친구이기 때문이고, 또 한 가지 이유는 그들은 무엇이든지 잘 알고, 어린이를 위한 책까지도 잘 이해할 수 있기 때문입니다. 마지막 한 가지 이유는 그들이 지금 프랑스에 살고 있는데, 배고픔과 추위에 떨고 있기 때문입니다. 그래서 그들 어른은 어떻게 해서든지 위로를 받아야 한답니다.

　이 이유들로 부족하다면, 어린 시절의 그들에게 이 책을 바치고 싶습니다. 어른은 누구나 처음에는 어린이였습니다. (하지만 이 사실을 기억하는 어른은 별로 없습니다.)

　그래서 나는 '바치는 글'을 이렇게 고쳐 쓰겠습니다.

어린 시절의 레옹 베르트에게

1

내가 여섯 살 때 일이다.

원시림에 대해서 쓴 《자연에서 실제로 일어난 이야기》라는 책에서 놀라운 그림을 보았다. 그것은 어떤 동물을 집어삼키는 보아뱀을 그린 것이었다. 여기에 그 그림을 옮겨서 그리겠다.

그 책에는 이런 설명이 있었다.

"보아뱀은 먹이를 씹지 않고 통째로 삼킨다. 그러고는 꼼짝도 하지 않고, 소화를 시키기 위해 여섯 달 동안 잠을 잔다."

그 때, 나는 밀림에서 일어나는 일들에 대해서 깊이 생각해 보았다. 색연필로 그린 이 그림이 나의 첫 번째 그림이다.

나는 어른들에게 내 그림을 보여 주고, 무섭지 않으냐고 물어 보았다. 그러자 어른들은,

"무섭냐고? 모자가 왜 무섭니?"
라고 대답했다.

　내 그림은 모자가 아니었다. 그 그림은 코끼리를 소화시키고 있는 보아뱀이었다. 나는 어른들이 잘 이해할 수 있도록 보아뱀 안에 코끼리를 그려 넣었다. 어른들에게는 언제나 이렇게 설명을 해 주어야 한다. 이것이 나의 두 번째 그림이다.

　어른들은 나에게 이렇게 말했다.
　"이런 그림은 그만 그리고, 지리, 역사, 수학, 문법 같은 것을 공부하는 게 어떻겠니?"
　그래서 나는 여섯 살에 훌륭한 화가가 되려는 멋진 꿈을 포기했다. 내 첫 번째 그림과 두 번째 그림이 성공하지 못했기 때문에 실망했던 것이다.
　어른들은 도무지 혼자서는 아무것도 이해하지 못한다. 어린이들이 어른들에게 설명하는 일은 그래서 무척 힘든 일이다.
　내가 다른 직업을 갖기로 마음먹고, 비행기를 조종하는 방법을 배운 이유도 그 때문이다. 나는 세계의 이곳 저곳을 닥치는 대로 날아다녔는데, 그 때 지리 공부는 많은 도움이 되었다. 한눈에 중국과 애리조나를 구별할 수 있었으니까. 또 캄캄한 밤에 길을 잃었을 때, 지리는 정말 큰 도움이 되었다.
　나는 살면서 성실한 사람들을 많이 만났다. 오랫동안 어른들 집에서 살며 가까이서 그들을 지켜보았다. 하지만 어른들이 더 낫다고는 생각되지 않았다.

좀 총명해 보이는 사람을 만나면, 내가 소중하게 간직하고 있던 첫 번째 그림을 보여 주었다. 그 사람의 이해력이 어떤지 시험해 보고 싶었기 때문이다.

그렇지만 사람들은 언제나,

"모자 그림이군요."

하고 대수롭지 않게 대답했다.

그러면 나는 보아뱀이나, 원시림, 별 이야기는 꺼내지도 않았다. 그 대신 그 사람들이 알아들을 수 있도록 골프, 정치, 넥타이 이야기를 하였다. 그러면 그 사람들은,

"이 친구 대단한걸!"

하며 몹시 기뻐했다.

2

그래서 나는, 6년 전에 사하라 사막에서 비행기가 고장을 일으켰을 때까지, 마음을 터놓고 사귀는 사람 없이 혼자서 외롭게 지냈다.

어느 날, 엔진의 한 부분에 문제가 생겼다. 기관사도 손님도 없었으므로 나는 혼자 힘으로 어려운 수리를 해야만 했다. 나에게 있어서 그것은 죽느냐 사느냐 하는 문제였다. 마실 물이 겨우 여드레분밖에 남아있지 않았기 때문이었다.

첫날 저녁, 나는 사람이 사는 곳에서 1,000마일이나 떨어진 사막 위에서 잠이 들었다. 바다 한가운데에서 배가 난파되어, 뗏목을 타고 있는 선원보다도 더 외로웠다. 그러다 해가 뜰 무렵에 이상한 어린 목소리를 들었으니, 내가 얼마나 놀랐는지 상상이나 할 수 있겠는가?

그 목소리는 이러하였다.

"저, 아저씨……. 나, 양 한 마리만 그려 줘!"

"뭐라고?"

"양 한 마리만 그려 줘!"

나는 벼락이라도 맞은 듯 재빨리 일어나 눈을 커다랗게 뜨고 주위를 둘러보았다. 정말 이상한 아이가 나를 뚫어지게 쳐다보고 있었다. 여기에 있는 그림은 나중에 내가 그린 그 아이의 초상화 중에서 가장 잘 된 것이다. 하지만 실물이 훨씬 멋있다는 사실을 알아두어야 한다.

그것은 내 잘못이 아니다. 나는 여섯 살 때 어른들 때문에 화가가 되려는 꿈을 포기했고, 속이 보이거나 또는 안 보이는 보아뱀 외에는 그림을 배운 적이 없으니까 말이다.

나는 눈을 동그랗게 뜨고 아이를 자세히 보았다. 그 곳은 사람들이 사는 곳에서 1,000마일이나 떨어져 있었다. 그런데도 아이는 길을 잃은 것 같지는 않았다. 몹시 피곤하거나, 배고프거나, 목이 마르거나, 무서워하는 것 같지도 않았다. 사람들이 사는 곳으로부터 1,000마일이나 떨어진 사막에서 만난 그 아이에게서 길을 잃은 아이의 모습이라고는 전혀 찾아 볼 수가 없었다.

나는 간신히 입을 열고 아이에게 물었다.

"그런데……. 너 여기서 뭘 하는 거니?"

아이는 아주 중요한 것을 말하는 것처럼 천천히 같은 말을 되풀이했다.

"저……. 양 한 마리만 그려 줘!"

너무나 신비스러운 일을 당하면 그것을 감히 거역할 수가 없는 것일까? 사람이 사는 곳에서 1,000마일이나 떨어져서 죽을지도 모르는 처지에, 도무지 이치에 맞지 않는다는 것을 알면서도 나는 주머니에서 종이와 만년필을 꺼냈다. 하지만 그 때 내가 지리와 역사, 수학과 문법만을 공부했던 일이 생각났다. 그래서 그 아이에게 약간 화를 내며 그림을 그릴 줄 모른다고 말했다.

그러자 그 아이는,

"괜찮아. 양 한 마리만 그려 줘."

라고 대답했다.

나는 양을 그려 본 적이 없었기 때문에 내가 그릴 줄 아는 두 가지 그림 중 하나를 그려 주었다. 그것은 속이 보이지 않는 보아뱀 그림이었다. 그런데 아이는 내가 들은 적이 없는 놀라운 말을 했다.

"아냐! 아냐! 보아뱀 속에 있는 코끼리를 그려 달라고 한 게 아니야. 보아뱀은 너무 위험하고, 코끼리는 너무 커. 내가 사는 곳은 아주 작아서 양이 필요하단 말이야. 양 한 마리만 그려 줘."

그래서 나는 할 수 없이 양을 그려 주었다.

그러자 아이는 그림을 자세히 들여다보았다.
"아냐! 이 양은 병이 들었어. 다른 양을 그려 줘."

나는 다시 그렸다.

아이는 상냥하고 너그럽게 웃으며 말했다.
"이것 봐, 이건 숫양이잖아. 뿔이 있으니까 말이야."
그래서 나는 또 다른 양을 그렸다.
하지만 이 그림도 좋아하지 않았다.
"이 양은 너무 늙었잖아. 나는 오래 살 수 있는 양이 필요해."
나는 엔진을 수리하는 일이 급했으므로, 아무렇게나 그림을 그려 주
었다.
"이건 상자야. 네가 갖고 싶어하는 양이 이 안에 들어 있어."

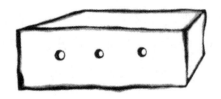

그림을 본 아이의 얼굴이 밝아졌다.
"그래, 이게 바로 내가 원하는 그림이야. 이 양에게 풀을 많이 줘야
할까?"

"왜?"

"내가 사는 곳은 아주 작거든."

"내가 준 양은 아주 작으니까 충분할 거야."

그 아이는 그림을 들여다보았다.

"그렇게 작지도 않은데……. 이것 봐! 양이 잠들었어……."

이렇게 해서 나는 '어린 왕자'를 알게 되었다.

3

어린 왕자가 어디에서 왔는지를 알아내는 데에는 무척 오랜 시간이 걸렸다. 어린 왕자는 끊임없이 나에게 여러 가지 질문을 하면서도 내가 묻는 말은 도무지 들으려고 하지 않았다. 나는 어린 왕자가 우연히 내뱉는 말에서 조금씩 알 수 있었다.

처음에 내 비행기를 보고(비행기는 그리지 않겠다. 내가 그리기에는 너무 복잡하니까) 어린 왕자는 말했다.

"이 물건은 뭐야?"

"이건 물건이 아니라 날아다니는 거야. 비행기라고 하는 거야, 내 비행기."

나는 내가 날아다닌다는 것을 그에게 알려주는 것이 자랑스러웠다.

그러자 어린 왕자는 소리를 질렀다.

"뭐라고? 아저씨가 하늘에서 떨어졌다는 거야?"

"그래."

나는 겸손하게 대답했다.

"이야! 재미있는걸!"

어린 왕자는 아주 재미있다는 듯이 깔깔거리며 웃었다. 나는 기분이 나빠졌다. 내 불행에 대해서 다른 사람들이 심각하게 생각해 주길 바라기 때문이다.

잠시 후, 어린 왕자가 물었다.

"아저씨도 하늘에서 왔구나. 아저씨네 별은 어디야?"

그 순간 나는 신비로운 어린 왕자의 존재를 알아내는 데에 한 줄기 섬광이 비치는 것을 깨달았다. 재빨리 어린 왕자에게 물었다.

"그럼, 너는 다른 별에서 왔니?"

하지만 어린 왕자는 대답하지 않았다. 그저 내 비행기를 바라보며 고개를 끄덕일 뿐이었다.

"하긴 이걸 타고 왔으면, 그렇게 먼 데서 온 것은 아니겠네……."

어린 왕자는 이렇게 말하고 오랫동안 생각에 잠겨 있었다. 그러고는 주머니에서 내가 그려 준 양을 꺼내서 보물인 것처럼 열심히 들여다보았다.

'다른 별'에 대한 말은 나의 호기심을 자극시켰다. 그래서 나는 자세히 알아내려고 애썼다.

"넌 어디서 왔니? 네 집은 어디에 있니? 이 양을 어디로 데려가려고 그러니?"

어린 왕자는 잠시 무엇인가를 골똘히 생각하다가 말했다.

"잘됐다. 아저씨가 준 상자를 양의 집으로 쓰면 되겠어."

"그렇게 하면 되겠구나. 착하게 굴면 낮에 양을 매어 놓을 수 있도록
끈을 줄게. 그리고 땅에 박을 말뚝도 줄게."
그 말에 어린 왕자는 무척 놀란 것 같았다.

"양을 매어 둔다고? 왜 그런 이상한 생각을 했어?"
"양을 매어 놓지 않으면 다른 데로 가 버릴 것 아니니? 그러면 양을
잃어버리게 되잖아……."
그러자 어린 왕자는 재미있다는 듯이 웃음을 터뜨렸다.
"가기는 어디로 간다고 그래?"
"어디든지, 곧장 앞으로 가겠지……."
어린 왕자는 웃음을 멈추고 말했다.
"괜찮아. 내 집은 아주 작으니까."
그리고 서글픈 표정으로 덧붙여 말했다.
"곧장 앞으로 간다고 해도 멀리 갈 수 없어."

4

이렇게 해서 나는 두 번째 중요한 사실을 알게 되었다. 어린 왕자가 사는 별이 집 한 채 정도의 크기라는 것이다.

나는 그 사실에 대해서는 그다지 놀라지 않았다. 왜냐하면, 지구, 목성, 화성, 금성처럼 사람들이 이름을 붙인 큰 별들 외에도 수많은 다른 별들이 있으며, 또 너무 작아서 망원경으로도 볼 수 없는 작은 별들도 많이 있으니까.

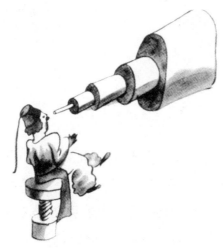

천문학자가 그 별 중 하나를 발견하면, 이름 대신 번호를 붙여 준다. 예를 들면 '소행성 325'라고 부르는 것이다.

나는 어린 왕자가 살던 별이 '소행성 B612'라고 생각했다. 거기에는 몇 가지 이유가 있다.

이 소행성은 1909년에 터키의 천문학자가 망원경으로 한 번 보았다. 그는 국제 천문학회에서 그가 발견한 것에 대해서 증명했다. 하지만 그가 낡아빠진 터키옷을 입고 나왔기 때문에 아무도 그의 말을 믿지 않았다. 어른들은 대개 이런 식이다.

'소행성 B612'의 명예를 위해서 다행스럽게도, 터키의 한 독재자는 국민들이 서양식 옷을 입지 않으면 사형에 처한다는 법을 만들었다. 그 천문학자는 멋있는 양복을 입고, 1920년에 다시 한 번 증명을 했다. 이번에는 모든 학자들이 그의 말을 믿어 주었다.

내가 이렇게 '소행성 B612'에 대해서 자세히 이야기하고, 번호까지 알려주는 것은 모두 숫자를 좋아하는 어른들 때문이다. 예를 들어 새로 생긴 친구에 대해서 이야기할 때, 제일 중요한 것은 아무것도 묻지 않는다. "그 애는 어떤 놀이를 가장 좋아하니?", "그 애의 목소리는 어때?", "그 애는 나비를 채집하고 있니?" 하는 것은 묻지 않는다.

대신 "나이는 몇 살이지?", "형제는 몇 명이지?", "몸무게는 얼마나 나가니?", "아버지는 돈을 얼마나 버시지?" 하는 질문만 늘어놓게 마련이다. 그것들을 통해서만 그 친구에 대해서 알게 된다고 생각하기 때문이다.

"창가에 제라늄 화분이 있고 지붕에는 비둘기가 있는, 아름다운 붉은 벽돌집을 보았어요."

어른들은 그 집을 쉽게 떠올리지 못한다. 어른들에게는

"10만 프랑짜리 집을 보았어요."
라고 말해야만 한다. 그 말을 듣고서야 어른들은
"정말 멋있는 집이로구나."
하고 감탄할 것이다.

그러므로 여러분이 "어린 왕자는 멋있고, 잘 웃고, 양을 가지고 싶어했어요. 이것이 그가 세상에 있었다는 증거지요. 양을 가지고 싶어한다는 게 그가 있다는 증거 아니겠어요?"라고 말하면 어른들은 우리를 어린애 취급을 할 것이다. 그러나 어린 왕자가 '소행성 B612'에서 왔다고 말한다면, 어른들은 우리의 말을 알아들을 것이고, 쓸데없는 질문으로 귀찮게 하지 않을 것이다.

어른들은 모두 그 모양이다. 하지만 그것을 가지고 어른들을 나쁘게 생각해서는 안 된다. 어린이들은 어른들을 너그럽게 봐 주어야 힌다.

그러나 삶을 이해하는 우리에게는 숫자는 아무 상관 없다. 나는 이 이야기를 동화처럼 시작하고 싶다.

"옛날에 자기보다 조금 큰 별에 살고 있는 어린 왕자가 있었습니다. 그에게는 친구가 필요했습니다……."

삶을 이해하는 사람들에게는 이렇게 시작하는 것이 훨씬 진실하게 보였을 테니까 말이다.

나는 내 책이 아무렇게나 건성으로 읽혀지는 것이 싫다. 어린 왕자와의 추억을 이야기하는 것은 참으로 마음 아픈 일이기 때문이다.

내 친구가 양을 데리고 떠난 지 벌써 6년이 지났다. 여기에 내 친구의 모습을 그려 보려는 이유는 그를 잊지 않기 위해서이다. 친구를 잃는 것은 슬픈 일이니까.

사람들이 모두 진짜 친구다운 친구를 가진 것은 아니다. 나도 숫자밖에는 관심이 없는 어른들처럼 될 수도 있다. 내가 그림물감과 연필을 산 것은·바로 이 때문이다.

여섯 살 때, 속이 보이거나 안 보이는 보아뱀을 그린 이후 그림을 그려 본 적이 없는 내가, 이 나이에 다시 그림을 시작한다는 것은 어려운 일이다. 물론 가능한 한 비슷한 초상을 그리려고 노력할 것이다. 하지만 반드시 성공하리라는 생각은 하지 않는다.

어떤 그림은 잘 되었는데, 또 어떤 그림은 잘 안 되기도 한다. 이 그림에서는 어린 왕자가 키가 너무 크고, 저 그림에서는 너무 작다. 옷 색깔에 대해서도 망설여진다. 더듬더듬 이렇게도 그려 보고 저렇게도 그려 보지만, 결국에는 아주 중요한 것을 잘못 그릴지도 모른다.

그렇지만 그것이 모두 내 잘못인 것은 아니다. 내 친구는 나에게 아무것도 설명해 주지 않았으니까. 그는 아마도 내가 자기와 같을 거라고 생각했나 보다.

하지만 나는 상자 속에 있는 양을 볼 줄 모른다. 이제 나도 늙은 것이 아닐까?

5

매일매일 이야기를 나누면서, 나는 어린 왕자에 대한 것을 조금씩 알게 되었다. 어린 왕자의 별과 떠날 때의 일, 그리고 여행에 관한 것들.

3일째 되는 날, 나는 바오밥나무에 관한 이야기를 알게 되었다. 이번에도 양 덕분이었다. 어린 왕자가 갑자기 심각한 표정으로 물었다.

"양이 작은 나무를 먹는 게 사실이야?"

"그럼, 사실이지."

"이야! 잘됐다."

나는 양이 작은 나무를 먹는 것이 뭐가 그렇게 중요한지 알 수 없었다. 어린 왕자는 계속해서 말했다.

"그러면 바오밥나무도 먹을까?"

나는 바오밥나무는 성당만큼 큰 나무라서 코끼리 떼를 몰고 가더라도 바오밥나무를 다 먹을 수는 없을 거라고 말했다.

어린 왕자는 코끼리 떼라는 말에 크게 웃었다.

"코끼리들을 모두 목말태워야겠네."

그리고 총명하게 이런 말을 했다.

"바오밥나무도 처음엔 아주 조그맣잖아."

"맞아. 그렇지만 네 양이 왜 바오밥나무를 먹어야 하니?"

"아이 참!"

어린 왕자는 대답할 필요도 없다는 듯이 말했다. 나는 그 이유를 알아내기 위해서 노력해야만 했다.

어린 왕자의 별에도 좋은 풀과 나쁜 풀이 있었다. 따라서 좋은 씨앗과 나쁜 씨앗이 있었을 것이다. 그러나 씨앗들은 보이지 않는다. 땅 속 깊은 곳에서 자고 있다가, 그 중 하나가 깨어나고 싶어한다. 그러면 이 작은 씨앗은 조심스럽게 태양을 향해서 힘없이 작은 싹을 내밀기 시작한다. 만약에 그것이 무나 장미나무의 싹이라면 마음대로 자라게 두어도 좋다. 하지만 나쁜 풀이라면, 그것이 나쁜 풀이라는 사실을 알아볼 수 있을 때 바로 뽑아 버려야 한다.

어린 왕자의 별에는 나쁜 씨앗이 있었다. 바로 바오밥나무의 씨들이다. 그 별은 온통 바오밥나무 씨앗투성이였다.

바오밥나무는 늦게 손을 대면 영영 없애버릴 수가 없게 된다. 바오밥나무는 별 전체를 감싸고, 뿌리로 여기저기에 구멍을 팔 것이다. 어린 왕자의 별은 너무나 작기 때문에, 바오밥나무가 너무 많으면 그 별은 터져 버리고 말 것이다.

나중에 어린 왕자는 이렇게 말했다.

"그건 습관을 들이면 돼. 아침에 몸치장을 마치고 나면, 꼼꼼하게 별을 손질해야 해. 어린 바오밥나무는 장미와 똑같이 생겼기 때문에, 구별할 수 있을 정도로 자라면 곧바로 뽑아 버려야 해. 귀찮은 일이지만, 아주 쉬운 일이기도 해."

어느 날, 어린 왕자는 내게 말했다.

"아저씨가 사는 곳의 어린이들이 이 사실을 잘 알 수 있게 그림을 그려 봐. 여행을 할 때 꼭 필요할 거야. 오늘 할 일을 내일로 미루는 것이 괜찮을 때도 있지만, 바오밥나무를 뽑아 버리는 일은 절대로 미루면 안 돼. 게으름뱅이가 사는 별이 하나 있었는데, 그 별은 작은 나무 세 그루를 무심코 그냥 내버려두었어……."

어린 왕자의 말대로 그 별을 그리긴 했지만, 나는 도덕 선생이 아니었다. 그러나 바오밥나무의 위험성이 잘 알려져 있지 않았고, 길을 잃고 바오밥나무가 자라는 별에 들어서면 큰 위험에 빠지게 되므로, 체면을 생각하지 않고 말했다.

"어린이 여러분! 바오밥나무를 조심하세요!"

나처럼 내 친구들도 바오밥나무의 위험성에 대해서 잘 알지 못했다. 그래서 나는 그들을 위해서 열심히 그림을 그렸다. 위험을 알려 주기 위해서였다.

내가 알려준 교훈은 그만한 가치가 있다.

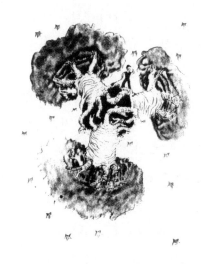

어떤 사람들은 이런 질문을 할지도 모른다.

"이 책에 있는 다른 그림들은 왜 바오밥나무처럼 멋있지 않지?"

그 대답은 간단하다. 다른 그림을 그려 보았지만 성공하지 못했던 것이다. 바오밥나무를 그릴 때에는 중요하고 위급하다는 생각이 가득 차 있어서 다른 그림보다 잘 그릴 수 있었다.

6

이렇게 나는 어린 왕자의 쓸쓸한 생활에 대해서 조금씩 알게 되었다. 아주 오랫동안 해지는 광경을 바라보는 것만이 어린 왕자의 즐거움이었다. 나흘째 되던 날, 어린 왕자가 한 말을 통해서 나는 그 사실을 알게 되었다.

"나는 해질 무렵이 정말 좋아. 우리 해지는 걸 보러 가."

"기다려야 해."

"뭘 기다려?"

"해가 질 시간이 될 때까지 기다려야지."

처음에 어린 왕자는 무척 놀랐지만, 곧 웃음을 터뜨렸다.

"난 내가 아직도 우리 집에 있는 줄 알았어."

사실 충분히 그럴 수 있다. 미국이 정오일 때 프랑스에서는 해가 진다는 것은 누구나 알고 있다. 해가 지는 것을 보려면 프랑스까지 1분 안에 날아가야 한다. 하지만 프랑스는 미국에서 너무나 멀리 떨어져 있어서 그럴 수가 없다. 그러나 어린 왕자의 별에서는 의자만 몇 번 옮기면 그 아이가 보고 싶을 때 언제든 해가 지는 것을 볼 수 있었다.

"어느 날엔 하루에 마흔세 번이나 해가 지는 것을 봤어."

그러더니 어린 왕자는 덧붙여 말했다.

"아저씨, 누구나 마음이 서글플 때면 해가 지는 풍경을 좋아한다는 거 알지?"

"그러면 하루에 마흔네 번이나 해가 지는 것을 본 날은 많이 슬펐

니?"
하지만 내 질문에 어린 왕자는 대답하지 않았다.

7

닷새 째 되는 날, 역시 양 덕분에 어린 왕자의 비밀을 알게 되었다.
어린 왕자는 오랫동안 생각하던 문제의 결과인 것처럼, 갑자기 내게
물었다.

"양이 작은 나무를 먹는다면 꽃도 먹겠지?"
"양은 무엇이든지 닥치는 대로 먹을 거야."
"그러면 가시가 있는 꽃도 먹을까?"
"그럼, 가시가 있는 꽃도 먹지."
나는 그것을 알지 못했다. 그 때 비행기의 나사를 빼내려고 애쓰고
있는 중이었다. 비행기 고장이 생각보다 심각했고, 마실 물도 얼마 남지
않아서 무척 걱정이 되었기 때문이다.

"가시는 무엇에 쓰는 거야?"
어린 왕자는 한번 물어 보면 대답을 들을 때까지 절대로 단념하지 않
았다. 나는 나사 때문에 약이 올라서 아무렇게나 대답했다.

"가시는 아무 데도 쓸모가 없어. 꽃이 심술을 부리느라고 달고 있는
거야."

"그래?"

그러나 잠시 후, 잠자코 있던 어린 왕자가 톡 쏘아 붙였다.

"아니야, 그렇지 않아. 꽃은 아주 약해. 순진하기도 하고. 그래서 자기를 보호하려고 가시를 달고 있는 거야. 꽃들은 가시가 아주 대단한 무기라고 생각해."

나는 대답도 하지 않고,

'이 나사가 말을 듣지 않으면 망치로 두드려 깨버려야지.'
하고 생각하고 있었다.

어린 왕자가 내 생각을 방해했다.

"그럼, 아저씨는 정말 그렇게 생각해? 꽃들이……."

"아니야, 아니야! 그렇게 생각하지 않아. 지금 중요한 일을 하고 있어서 아무렇게나 대답해 버린 거야."

어린 왕자는 어이가 없다는 듯이 나를 쳐다보았다.

"중요한 일이라고?"

어린 왕자는 내가 기름으로 새까만 손에 망치를 들고, 더러운 물건 위에 몸을 구부리고 있는 것을 보았다.

"아저씨는 마치 어른들처럼 말하는군!"

그 말을 듣자, 나는 부끄러워졌다. 하지만 어린 왕자는 내 기분에는 상관없이 말했다.

"아저씨는 모든 것을 엉망으로 만들고 있어. 뒤죽박죽으로 만드는 거야."

어린 왕자는 몹시 화를 냈다. 그의 눈부신 금빛 곱슬머리가 바람에 휘날리고 있었다.

"어느 별에 얼굴이 빨간 아저씨가 살고 있었어. 그 아저씨는 꽃향기를 맡아본 적도 없고, 별을 바라본 일도 없어. 그리고 누군가를 사랑해 본 적도 없지. 오직 아는 것이라고는 덧셈뿐이야. 그리고 하루 종일 아저씨처럼 '중요한 일로 바쁘단다.' 라고만 말해. 몹시 잘난 척을 하면서 말이야. 그건 사람이 아니야, 버섯이야!"

"뭐라고?"

"버섯이라고!"

어린 왕자는 얼굴이 새파래질 정도로 화를 냈다.

"꽃은 수백만 년 전부터 가시를 만들어 왔어. 양들도 수백만 년 전부터 꽃을 먹어 왔지. 그러면 꽃이 아무 쓸모도 없는 가시를 왜 그렇게 힘들게 만드는지 알아내는 것이 중요하지 않단 말이야? 양이 꽃을 먹어 버리는 것이 중요하지 않다는 거야? 그것이 얼굴이 빨간 아저씨의 덧셈보다 중요하지 않다는 거야? 만약 내 별에 이 세상에 단 하나밖에 없는 꽃이 있는데, 그 꽃을 양이 먹어 버렸다고 생각해 봐. 그래도 그게 중요하지 않다는 거야?"

어린 왕자의 얼굴은 이제 새빨개졌다.

"만약 어떤 사람이 저 많은 별들 중 어느 별에 있는 단 한 송이의 꽃을 사랑한다면, 그 사람은 별들을 바라보는 것만으로도 행복할 거야. '저기 어딘가에 내 꽃이 있겠지.' 하고 말이야. 그런데 그 꽃을 양이 먹어 버린다면 그 사람은 모든 별이 순식간에 빛을 잃은 것처럼 느낄 거야. 그래도 그게 중요하지 않다는 거야?"

울먹거리던 어린 왕자는 결국 울음을 터뜨리고 말았다.

어느 새 주위는 어두워졌다. 나는 연장을 내려놓았다. 지금 이 순간에는 망치도, 나사도, 목이 마른 것도, 죽음도 아무렇지도 않았다. 많은 별 중 하나, 나의 별 지구에는 달래 주어야 할 어린 왕자가 있었던 것이다. 나는 어린 왕자를 품에 꼭 안고, 살살 흔들면서 달래 주었다.

"네가 사랑하는 꽃은 위험하지 않을 거야. 내가 양에게 씌울 굴레를

그려 줄게. 그리고 꽃에게는 울타리도 그려 줄게. 그리고……."

나는 어떤 말로 어린 왕자를 위로해야 할지 몰랐다. 단지 내가 무척 서투르다는 것을 알 수 있었을 뿐이다. 어떻게 해야 어린 왕자의 기분을 풀어 주고, 다시 마음이 통하게 될지 알 수 없었던 것이다. 눈물은 그처럼 신비로운 것이다.

8

얼마 후, 나는 그 꽃에 대하여 잘 알게 되었다. 어린 왕자의 별에는 꽃잎이 한 겹뿐인 꽃들이 있었다. 이 꽃들은 자리를 많이 차지하지 않았고, 누구를 귀찮게 하지도 않았다. 그저 아침에 풀 속에 나타났다가 저녁에 지곤 했다.

그러던 어느 날, 어딘가에서 씨앗 하나가 날아와서 싹을 틔웠다. 어린 왕자는 전에 있던 싹과는 다른 이 싹을 자세히 살폈다. 어쩌면 바오밥 나무의 하나일지도 모른다고 생각했다.

하지만 이 싹은 작은 나무가 되자, 더 이상 자라지 않고 꽃을 피웠다. 커다란 꽃봉오리가 맺히자, 어린 왕자는 굉장히 아름다운 것이 나타날 것이라고 생각했다. 그러나 꽃은 푸른 방 안에서 곱게 단장만 하고 있었다. 온 정성을 다해 빛깔을 고르고, 천천히 옷을 입고, 꽃잎을 하나하나 다듬었다. 꽃은 개양귀비처럼 웅크린 채 세상에 나오고 싶지 않았던 것이다. 가장 아름다운 모습으로 세상에 나오고 싶었던 것이다.

꽃의 고운 단장은 오래도록 계속되었다.

어느 날 아침, 해가 막 솟을 때였다. 정성스럽게 단장을 한 꽃이 피곤한지 하품을 하면서 일어났다.

"아함! 이제야 일어났네⋯⋯. 미안해요, 아직 머리도 빗지 않았는데⋯⋯."

그러나 어린 왕자는 꽃을 보며 환호성을 질렀다.

"정말 아름다워요!"

"정말요? 고마워요."

꽃은 작은 목소리로 대답했다.

"나는 해와 함께 태어났어요."

그 말을 들은 어린 왕자는 꽃이 겸손하지 않다고 생각했다. 그렇지만 꽃의 아름다운 모습에 온 마음을 빼앗겨 버렸다.

잠시 후, 꽃이 말했다.

"아침식사 시간이네요. 제게 무언가를 주어야 하지 않나요?"

어린 왕자는 몹시 허둥대다가, 물 한 통을 가져다 꽃에 뿌려 주었다.

꽃은 이렇게 수줍은 허영심으로 어린 왕자를 괴롭혔다.

어느 날에는 자신이 가지고 있는 네 개의 가시에 대해서 말했다.

"호랑이가 발톱을 세우고 달려들어도 무섭지 않아요."

"내 별에는 호랑이가 없어요. 그리고 호랑이는 풀을 먹지 않아요."

어린 왕자가 대답했다.

"난 풀이 아니에요."

꽃은 상냥하게 말했다.

"미안해요."

"호랑이는 무섭지 않지만, 바람은 너무 싫어요. 여기엔 바람막이가 없나요?"

'바람이 싫다고? 이 꽃은 정말 까다롭구나.'

하고 어린 왕자는 생각했다.

"저녁때가 되면 유리덮개를 씌워 주세요. 이 별은 너무 추워요. 내가 살던 곳에서는……."

꽃은 여기까지 말을 하고 멈추었다. 그 꽃은 씨앗일 때 이 별에 왔기 때문에, 다른 곳에 대해서는 알지 못했던 것이다. 거짓말을 하려다가 들킨 것이 부끄러워서였을까? 오히려 꽃은 어린 왕자에게 잘못을 돌리려고 두세 번 기침을 했다.

"바람막이는 어떻게 됐어요?"

"가지러 가려고 했는데, 당신이 자꾸 말을 시켜서……."

꽃은 어린 왕자가 미안한 마음이 들도록 기침을 더 심하게 했다. 그래서 어린 왕자는 꽃을 사랑하는 마음을 갖고 있었지만, 꽃의 마음을 의심하게 되었다. 어린 왕자는 꽃이 아무렇지도 않게 한 말을 심각하게 받아들여서 마음이 아프곤 했다.

어느 날, 어린 왕자는 내게 말했다.

"꽃이 하는 말을 듣지 말 걸 그랬어. 꽃의 말을 들어서는 안 돼. 그저 보고 향기만 맡을 뿐이지. 그 꽃도 내 별에 향기를 가득 채웠었는데,

나는 그것을 즐길 줄 몰랐어. 발톱 이야기를 했을 때에도 약올라하지 말고, 가여워했어야 했는데……. 나는 그 때 아무것도 알지 못했어. 꽃이 하는 말로 판단하는 것이 아니라, 행동으로 판단했어야 하는데 말이야. 꽃은 향기와 아름다움으로 나를 즐겁게 해 주었어. 꽃이 불평을 하더라도 나는 도망치지 말았어야 했는데……. 모두 나를 좋아하기 때문이라는 것을 알지 못했던 거야. 꽃은 마음과 반대되는 말을 잘 하거든! 그런데 나는 너무 어렸기 때문에 꽃을 사랑할 줄 몰랐던 거야."

9

나는 어린 왕자가 철새들을 따라서 별을 떠났을 거라고 생각했다.

별을 떠나던 날 아침, 어린 왕자는 자기의 별을 잘 정리했다. 활화산의 구멍도 조심조심 청소했다.

어린 왕자의 별에는 활화산이 두 개 있었다. 그 화산은 아침식사를 데울 때에 무척 편리했다. 또, 휴화산도 하나 있었다. 그렇지만 그의 말대로, 언제 어떻게 될지 모르는 것이다. 화산은 청소만 잘 하면 폭발하지 않고, 조용히 규칙적으로 불을 뿜어낸다. 화산 폭발은 굴뚝에 솟는 불과 같다. 물론 지구의 화산을 청소하기에는 우리가 너무 작다. 그래서 지구의 화산은 우리를 불안에 떨게 하는 것이다.

　어린 왕자는 쓸쓸한 마음으로 새로 생겨난 바오밥나무의 싹을 뽑았다. 다시는 돌아오지 못할 것이라고 생각했기 때문이다. 그 날 아침에는 그 동안 해 왔던 일들이 더없이 소중하게 느껴졌다. 그리고 마지막으로 꽃에 물을 주고, 유리덮개를 씌워서 잘 지켜 주려고 했을 때에는 눈물이 쏟아질 것만 같았다.

　"잘 있어요."

　하지만 꽃은 대답하지 않았다.

　"잘 있어요."

　어린 왕자는 다시 한 번 말했다.

　꽃은 기침을 했다. 감기 때문이 아니었다.

　"용서해 주세요. 내가 어리석었어요. 행복하길 바랄게요."

　마침내 꽃은 어린 왕자에게 말했다.

　어린 왕자는 꽃이 화를 내지 않는 것에 놀랐다. 그래서 유리덮개를 손에 들고 어쩔 줄을 몰랐다. 꽃이 왜 이렇게 온순한지 알 수가 없었기 때문이다.

　"당신을 좋아해요. 그런데 나는 그것을 몰랐어요. 모두 내 잘못이에요. 하지만 그런 것은 중요하지 않아요. 당신도 나만큼 어리석었어요. 그 유리덮개는 놔두세요. 행복하세요…….”

“하지만 바람이 불면…….”

“감기는 심하지 않아요. 오히려 밤에 맞는 선선한 바람은 이로울 거예요. 나는 꽃이니까요.”

“그렇지만 벌레들이…….”

“나비를 보려면 벌레 두세 마리 정도는 참아야지요. 나비는 정말 아름다워요. 나비가 아니면 아무도 날 찾지 않을 거예요. 당신은 멀리 가 버릴 테니까……. 큰 짐승들도 무섭지 않아요. 나에게는 이렇게 발톱이 있잖아요.”

꽃은 네 개의 가시를 천진스럽게 내밀며 말했다.

“어서 떠나세요. 떠나기로 했으면 그렇게 망설이지 말고 어서 떠나요!”

꽃은 자기의 우는 모습을 어린 왕자에게 보이고 싶지 않았던 것이다. 그만큼 자존심이 강한 꽃이었다.

10

어린 왕자는 소행성 325호, 326호, 327호, 328호, 329호, 330호가 있는 쪽으로 왔다. 그는 일거리도 구하고 무엇인가를 배우기 위해서 그 별들을 하나하나 방문하기로 했다.

첫 번째 별에는 임금님이 살고 있었다.

임금님은 붉은 옷감에 흰 담비털을 붙인 옷을 입고, 아주 검소하지만 위엄 있는 옥좌에 앉아 있었다.

임금님은 어린 왕자를 보자 큰 소리로 외쳤다.

"오! 신하가 한 명 왔구나!"

하지만 어린 왕자는

'한 번도 나를 본 적이 없는데, 어떻게 알지?'

하고 고개를 갸우뚱거렸다.

임금님의 눈으로 세상을 보면 매우 간단하다는 것을 어린 왕자는 몰랐던 것이다. 임금님들에게 세상 사람들은 모두 신하인 것이다.

"좀더 잘 볼 수 있도록 이쪽으로 가까이 오너라."

임금님은 이제야 누군가의 임금 노릇을 하게 된 것이 무척 자랑스러웠다.

어린 왕자는 두리번거리며 앉을 곳을 찾았다. 하지만 별 전체가 임금님의 담비털 옷으로 덮여 있어서 앉을 수가 없었다.

가만히 서 있으려니까 너무 피곤해서 하품이 나왔다.

그것을 본 임금님이 말했다.

"감히 왕 앞에서 하품을 하다니 무례하구나! 하품을 하는 것을 금지하노라!"

"하품을 안할 수가 없어요. 저는 오랜 여행을 했고, 잠을 못 잤기 때문에 너무 피곤해서 참을 수가 없었습니다."

어린 왕자는 당황해서 말했다.

"그래? 그렇다면 하품을 하라! 나는 몇 년 동안 사람이 하품하는 것을 보지 못했다. 하품하는 것이 무척 재미있구나. 어서 하품을 해라! 명령이다!"

"그렇게 말씀하시니까 무서워서 하품을 할 수가 없어요."

어린 왕자는 당황해서 말했다.

"흠! 그렇다면 다시 명령한다. 어떤 때에는 하품을 하고, 어떤 때에는……."

임금님은 기분이 나빴는지 빠르게 말했다.

임금님이 가장 중요하게 생각하는 것은 자신의 위엄을 지키는 일이었다. 명령을 거역하는 사람은 절대로 용서하지 않았다. 신하는 누구든지 자신의 명령에 절대적으로 복종해야 했다. 하지만 임금님은 착한 사람이었기 때문에 따를 수 있는 명령만 내렸다.

임금님은 때때로 이렇게 말했다.

"만약 내가 장군에게 물새가 되라고 명령했는데, 장군이 명령을 따르지 않았다면, 그건 장군의 잘못이 아니라 짐의 잘못이니라."

"앉아도 될까요?"

어린 왕자가 조심스럽게 말했다.

"짐이 앉을 것을 명령하노라."

임금님은 담비털 옷자락을 위엄을 부리며 끌어당겼다.

그러나 어린 왕자는 이상한 생각이 들었다. 이렇게 작은 별에서 임금님이 무엇을 다스리는지 알 수가 없었기 때문이다.

"임금님, 한 가지만 여쭈어 보겠습니다."

"그래, 네가 질문할 것을 명령하노라."

임금님은 서둘러 대답했다.

"임금님은 무엇을 다스리시지요?"

"그야 모든 것을 다스리지."

임금님은 간단하게 대답했다.

"모든 것이요?"

임금님은 자신의 별과 다른 별을 죽 가리켰다.

"저 별들을 모두 다스리신다는 말이에요?"

"그렇단다."

임금님은 자기 별뿐만 아니라 온 우주를 다스리는 임금님이었던 것이다.

"그럼 별들이 모두 임금님께 복종하나요?

"물론이지. 나는 내 명령에 따르지 않는 것을 용서하지 않는다."

임금님의 권력에 어린 왕자는 감탄했다. 만약 자기에게 그런 권력이 있다면 별에게 명령할 것이다. 의자를 옮기지 않더라도 해지는 것을 하루에 44번이 아니라 72번, 100번, 200번까지도 볼 수 있도록 말이다. 그러자 떠나 온 작은 별이 생각나서 조금 슬퍼졌다.

어린 왕자는 용기를 내어서 임금님에게 부탁했다.

"임금님, 저는 지금 해가 지는 것을 보고 싶습니다. 해가 지라고 명령해 주세요."

"만약 내가 어떤 장군에게 나비처럼 이 꽃 저 꽃 날아다니라거나, 슬픈 이야기를 한 편 쓰라고 하거나, 물새가 되라고 명령했다고 하자. 장군이 이 명령에 따르지 않았다면 그것은 누구의 잘못이겠는가?"

"그야 물론 임금님이지요."

어린 왕자는 똑 부러지게 대답했다.

"그렇다. 나는 신하들이 할 수 있는 것만 명령하노라. 권력이라는 것은 이치에 맞을 때에 그 빛을 발하는 것이다. 내가 만약 신하들에게 바다에 빠지라고 명령한다면, 그들은 복종하지 않고 반란을 일으킬 것이다. 내가 모두를 복종시킬 수 있는 것은 따를 수 있는 명령만 내리기 때문이다."

"그러면 제 부탁은요?"

한번 묻기 시작하면 절대로 물러서지 않는 어린 왕자가 다시 물었다.

"해지는 것을 보여 주겠다. 내가 그것을 명령하겠다. 하지만 해가 내 명령을 따를 수 있게 될 때까지 기다리자. 그것이 내 정치의 방법이다."

"그게 언제인데요?"

어린 왕자가 물었다.

임금님은 커다란 달력을 보며 말했다.

"흠! 흠! 오늘 저녁 7시 40분쯤이 될 것이다. 그 때가 되면 내 명령이 얼마나 잘 행해지는지 볼 수 있을 것이니라."

어린 왕자는 하품을 했다. 해지는 것을 당장 볼 수 없게 되자 조금 서운했다. 그리고 조금씩 싫증이 났다.

"임금님, 저는 이 곳에서 할 일이 없습니다. 떠나겠습니다."

"가지 마라."

신하를 갖게 되어 무척 자랑스러웠던 임금님이 말했다.

"짐은 그대를 장관으로 삼겠노라."

"무슨 장관이요?"

"흠……. 법무 장관!"

"하지만 이 곳에서는 재판을 받을 사람이 없잖아요."

"그것은 알 수 없다. 짐은 아직 왕국을 돌아본 적이 없으니까. 나는 너무 늙어서 걸어다니는 것이 무척 피곤하다. 그리고 마차를 둘 곳도 없어."

"하지만 저는 다 보았습니다."

어린 왕자는 별의 반대편을 바라보며 말했다. 거기에는 물론 아무것도 없었다.

"그러면 너 자신을 재판하라. 남을 판단하는 것보다 자기 자신을 판단하는 것이 훨씬 어려운 것이다. 자신을 바르게 재판할 수 있는 사람이 바로 슬기로운 사람이니라."

"그 일이라면 이 별이 아니라도 할 수 있습니다. 다른 별에 가서도 재판할 수 있으니까요."

그러자 임금님이 말했다.

"이 별 어딘가에는 늙은 쥐 한 마리가 살고 있다. 밤이 되면 그 쥐가 다니는 소리가 들린다. 너는 그 쥐를 재판하도록 하라. 가끔씩 쥐에게 사형을 내릴 수도 있다. 하지만 재판이 끝나면 특별 사면을 내려서 쥐를 살려 주도록 하라. 한 마리밖에 없으니까 말이다."

"나는 사형을 내리는 것을 좋아하지 않아요. 이제 정말 떠나겠습니다."

어린 왕자가 대답했다.

"가지 마라."

임금님이 말했다.

어린 왕자는 떠날 준비를 모두 끝냈지만, 늙은 임금님을 섭섭하게 하고 싶지는 않았다.

"임금님의 명령에 복종하게 하려면, 저에게 복종할 수 있는 명령을 내려 주세요. 예를 들면, 당장 떠나라는 명령이요. 지금이 가장 적절한 때인 것 같은데요……."

임금님은 아무 말도 하지 않고 있어 어린 왕자는 잠시 망설였다. 하지만, 곧 한숨을 내쉬며 출발했다.

그러자 임금님이 서둘러 외쳤다.

"너를 대사로 임명하노라."

임금님은 위엄에 가득 찬 표정이었다.

'어른들은 정말 이상해!'

어린 왕자는 고개를 갸웃거리며 다시 여행을 떠났다.

11

두 번째 별에는 잘난 척하는 사람이 살고 있었다.

"아! 나를 숭배하는 사람이 오는구나!"

잘난 척하는 사람은 어린 왕자를 보자, 멀리서부터 소리쳤다.

잘난 척하는 사람들이란, 다른 사람들이 모두 자기를 숭배하고 있다고 생각하는 사람들이다.

"안녕하세요? 아저씨는 이상한 모자를 쓰셨네요."

"이것은 인사를 하기 위한 모자란다. 사람들이 내게 환호할 때, 인사

하기 위한 거야. 그런데 여기로 지나가는 사람은 아무도 없었단다. 참 불행한 일이지.”

“그래요?”

어린 왕자는 그렇게 대답했지만, 그가 무슨 말을 하는지 이해할 수 없었다.

“손뼉을 쳐 봐!”

잘난 척하는 사람이 어린 왕자에게 말했다.

어린 왕자가 손뼉을 쳤다. 그는 곧 모자를 벗어 공손하게 인사를 했다.

‘임금님을 찾아간 것보다 재미있는걸.’

어린 왕자는 다시 손뼉을 쳤다. 잘난 척하는 사람은 다시 모자를 벗어 공손하게 인사를 했다.

한 5분쯤 그렇게 하고 나니 어린 왕자는 싫증이 났다.

“그 모자는 어떻게 하면 떨어지지요?”

하지만 그에게는 어린 왕자의 말이 들리지 않았다. 잘난 척하는 사람에게는 칭찬의 말만 들리는 법이니까.

“너는 나를 숭배하니?”

그는 어린 왕자에게 물었다.

“숭배가 뭐예요?”

“숭배한다는 것은……. 음, 내가 이 별에서 가장 잘생기고, 가장 옷을 잘 입고, 가장 부자이고, 가장 똑똑하다고 네가 생각하는 거야.”

“하지만 이 별에는 아저씨밖에 없잖아요.”

“나를 기쁘게 해 다오. 어떻게 되었건 나를 숭배해 다오.”

“아저씨를 숭배해요. 하지만 그게 아저씨에게 무슨 도움이 되나요?”

어린 왕자는 곧 그 별을 떠났다.

'어른들은 정말 이상해!'
여행을 하는 내내 어린 왕자의 머릿속에서는 그 생각이 맴돌았다.

12

세 번째 별에는 아주 잠깐 동안 머물렀지만, 어린 왕자의 마음을 몹시 우울하게 만들었다.
그 곳에는 술꾼이 살고 있었다.
그는 빈 병과 술이 가득 들어 있는 병을 앞에 늘어놓고, 말없이 앉아 있었다.
"아저씨, 뭐 하세요?"

어린 왕자가 물었다.
"술을 마시고 있어."
술꾼은 몹시 슬픈 표정으로 대답했다.
"왜 술을 마시는데요?"
어린 왕자가 물었다.
"잊어버리려고 마시는 거야."
술꾼이 대답했다.
"뭘 잊어버려요?"

어린 왕자는 술꾼이 불쌍해졌다.

"부끄럽다는 것을 잊기 위해서야."

술꾼은 고개를 푹 숙이고 말했다.

"뭐가 부끄러워요?"

어린 왕자는 술꾼을 도와주고 싶은 생각이 들어서 끈질기게 물었다.

"술 마시는 게 부끄러워!"

이 말을 하고 술꾼은 입을 다물어 버렸다.

어린 왕자는 어리둥절해졌고 곧 그 별을 떠났다.

'어른들은 정말 이상해!'

어린 왕자는 또 그 생각을 했다.

13

네 번째 별에는 사업가가 살고 있었다. 그는 너무 바빠서, 어린 왕자가 왔는데도 고개조차 들지 않았다.

"안녕하세요? 담배가 꺼졌네요."

어린 왕자가 사업가에게 인사를 했다.

"셋에 둘을 더하면 다섯, 다섯에 일곱을 더하면 열둘, 열둘에 셋을 더하면 열다섯……. 안녕? 열다섯에 일곱을 더하면 스물둘, 스물둘에 여섯을 더하면 스물여덟……. 담뱃불을 붙일 시간도 없어. 스물여섯에 다섯을 더하면 서른하나. 휴우! 그러니까 5억 162만 2,731이구나."

"무엇이 5억이에요?"

어린 왕자가 사업가에게 물었다.

"너 아직 거기 있었니? 5억 1백만에……. 나는 멈출 수가 없어. 나는 아주 중요한 일을 하고 있단다. 쓸데없는 일에는 관심을 가질 시간이 없지. 둘 더하기 다섯은 일곱……."

"무엇이 5억 1백만이라는 거예요?"

한번 물어 보면 대답을 듣고야 마는 어린 왕자가 다시 물었다.

사업가는 할 수 없이 고개를 들어 어린 왕자를 보았다.

"나는 이 별에서 54년이나 살았는데, 일을 방해받은 적이 딱 세 번 있었단다. 첫 번째는 22년 전에 풍뎅이가 날아왔기 때문이야. 어찌나 시끄럽던지 덧셈이 네 번이나 틀렸지.

두 번째는 11년 전에 신경통이 너무 심해졌기 때문이었어. 나는 산책할 시간이 없어서 운동 부족이거든.

세 번째는 바로 지금이야. 내가 5억 1백만이라고 했었지?"

"무엇이 5억인데요?"

사업가는 어린 왕자의 질문에 대답하기 전에는 조용히 일할 수 없다는 것을 깨달았다.

"때때로 하늘에 보이는 작은 것들 말이야."

"파리 떼요?"

"아니, 반짝거리는 것들이야."

"벌이요?"

"아니, 게으름뱅이들이 보고 쓸데없는 공상을 하는 것들 말이야. 나는 중요한 일을 하고 있어서 공상을 할 수 없지."

"별을 말하는 건가요?"

"그래, 별이야."

"아저씨, 5억 1백만 개의 별로 무얼 하는데요?"

"5억 1백62만 2천7백31개야. 나는 정확한 사람이기 때문에 이 숫자
는 틀림없어."

"그 별들로 무엇을 하는데요?"

"뭘 하냐고?"

"네."

"그냥 갖고 있는 거야. 아무것도 안 해."

"아저씨가 별을 갖고 있다고요?"

"그래!"

"나는 전에 임금님을 만난 적이 있어요. 임금님은……."

"임금님은 소유하지 않고 다스린단다. 그 둘은 다른 거야."

"별을 갖는 게 무슨 소용이 있지요?"

"별을 가지면 부자가 되는 거야."

"부자가 되면 뭘 하는데요?"

"음, 누군가가 다른 별을 발견하면 그 별을 살 수 있어."

'이 아저씨도 술꾼처럼 얘기하는구나.'

어린 왕자는 생각했다.

어린 왕자는 다시 물었다.

"어떻게 하면 별을 가질 수 있어요?"

"별들이 누구의 것이지?"

사업가는 투덜대며 물었다.

"글쎄요. 주인이 없는 것 아닌가요?"

"그러니까 내 것이란다. 내가 제일 먼저 별을 가질 생각을 했으니까!"

"생각만으로도 가질 수 있나요?"

"그럼! 네가 주인 없는 다이아몬드를 발견했다면, 그것은 네 것이야. 주인 없는 섬을 찾아내면 네 섬이 되는 거야. 또 맨 처음으로 어떤 생각을 해내면, 너는 그것으로 특허를 낼 수 있어. 마찬가지로 별을 가질 생각을 나보다 먼저 한 사람은 없으니까 별은 내 것이야."

"그건 그렇군요."

어린 왕자가 말했다.

"그런데, 별로 뭘 하는 거예요?"

"나는 별을 관리하는 거야. 얼마나 가지고 있는지 자꾸만 세어본단다. 그건 아주 어려운 일이지만, 난 아주 성실하니까 할 수 있어."

어린 왕자는 사업가의 말을 듣고도 이해할 수 없었다.

"나는 목도리를 하나 가지고 있는데, 언제나 목에 두르고 다녀요. 그리고 꽃이 내 것이라면, 그 꽃을 따서 어디든지 가지고 갈 수 있어요. 하지만 아저씨는 별을 딸 수 없잖아요."

"응. 그렇지만 은행에 맡길 수는 있어."

"그건 무슨 얘기예요?"

"작은 종이에 내 별의 수를 써넣고, 서랍에 넣은 후, 잠그는 거야."

"그렇게만 하면 돼요?"

"그래, 그렇게만 하면 돼."

'재미있겠는걸. 하지만 중요하다고는 할 수 없어.'

어린 왕자가 생각하는 중요한 일은 어른들이 생각하는 중요한 일과는 달랐다.

어린 왕자는 사업가에게 말했다.

"나에게는 꽃이 하나 있어요. 나는 매일 물을 주지요. 그리고 화산도 세 개 있는데, 일주일에 한 번씩 청소를 해요. 불을 뿜지 않는 화산도 물론 청소를 해요. 무슨 일이 일어날지 모르니까요. 나는 꽃이나 화산을 가지고 있기 때문에, 꽃이나 화산을 위해서 무언가를 해 줬어요. 그런데 아저씨는 별을 위해 하는 것이 아무것도 없어요.”

사업가는 무슨 말인가 하려고 했지만, 할말을 찾을 수 없었다.

어린 왕자는 얼른 그 별을 떠났다.

‘어른들은 정말 이상해!’

여전히 이렇게 생각하면서 말이다.

14

다섯 번째 별은 정말 작은 이상한 별이었다. 그 동안 어린 왕자가 갔던 별들 중에서 가장 작았다. 가로등 한 개와 가로등을 켜는 사람 한 명이 있기에도 좁은 별이었다.

하늘 한 구석, 사람도 없고 집도 없는 별에 가로등과 그것을 켜는 사

람이 왜 필요한지 어린 왕자는 알 수가 없었다.

그래서 어린 왕자는 생각했다.

‘이 사람도 어리석을 거야. 하지만 임금님이나 잘난 척하는 사람, 술꾼, 사업가보다는 나을 거야. 이 사람이 하는 일에는 의미가 있으니

까. 가로등을 켜면 별이나 꽃이 하나 더 생겨나는 것과 같아. 그리고 가로등이 꺼지면 별이나 꽃이 잠들지. 정말 멋진 일인걸. 멋지니까 이로운 일일 거야.'

어린 왕자는 그 별에 들어가 가로등을 켜는 사람에게 공손하게 인사했다.

"안녕하세요? 왜 지금 가로등을 끄셨어요?"

"명령이거든. 안녕!"

가로등에 불을 켜는 사람이 대답했다.

"무슨 명령인데요?"

"가로등을 켜라는 명령이지. 안녕!"

그 사람은 다시 가로등에 불을 켰다.

"왜 다시 불을 켰어요?"

"명령이란다."

가로등을 켜는 사람이 대답했다.

"무슨 얘긴지 알 수가 없어요."

어린 왕자가 말했다.

"명령은 명령이니까 모를 것도 없단다. 안녕!"

그 사람은 다시 가로등을 껐다. 그리고 빨간 바둑판 무늬 손수건으로 이마의 땀을 닦았다.

"내가 하는 일은 참으로 힘든 일이란다. 옛날에는 적당한 일이었어. 아침에 불을 끄고, 저녁에 다시 불을 켰거든. 그래서 낮에는 쉴 수 있었고, 밤엔 잠도 잘 수 있었어."

"그런데 그 다음에 명령이 바뀌었나요?"

"명령은 바뀌지 않았어. 그게 비극이란다. 이 별은 해마다 점점 빨리 도는데, 명령은 바뀌지 않으니 말이야."

"그래서요?"

"이 별은 1분에 한 바퀴를 돌기 때문에, 난 이제 쉴 수가 없단다. 1분에 한 번씩 불을 켰다가 꺼야 하니까."

"정말 우습네요! 이 별에서는 일 분이 하루라니!"

"우스울 것이 없어. 우리가 이야기하는 동안 벌써 한 달이 지났구나."

"한 달이요?"

"그래, 30분이 지났으니 한 달이지! 안녕!"

가로등을 켜는 사람은 다시 불을 켰다.

어린 왕자는 가만히 그를 바라보았다. 명령을 지키려고 애쓰는 그 사람이 좋아졌다. 어린 왕자는 전에 의자를 옮겨 해지는 것을 몇 번씩 보았던 것을 생각했다. 문득 어린 왕자는 그 사람을 도와주고 싶었다.

"아저씨, 아저씨가 쉬고 싶을 때 쉴 수 있는 방법이 있어요."

"나는 늘 쉬고 싶단다."

가로등을 켜는 사람이 말했다. 일을 열심히 하면서도 한 번쯤은 게으름을 피우고 싶은 법이니까 말이다.

어린 왕자는 말을 이었다.

"아저씨의 별은 너무 작아서 세 발짝이면 한 바퀴를 돌 수 있어요. 아저씨는 천천히 걷기만 한다면 해를 볼 수 있어요. 쉬고 싶으면 천천히 걸으세요. 그러면 아저씨가 쉬고 싶은 만큼 낮이 계속될 테니까요."

"그건 별로 도움이 되지 않는단다. 내가 하고 싶은 것은 잠을 자는 것이야."

"정말 안됐네요."

어린 왕자가 말했다.

"나도 그렇게 생각해. 안녕!"

그는 다시 가로등을 껐다.

어린 왕자는 다시 길을 떠나면서 생각했다.

'저 사람은 임금님이나 잘난 척하는 사람, 술꾼, 사업가에게 무시당할지도 몰라. 하지만 그 사람들 중에서 내가 우습게 여기지 않는 사람은 저 사람뿐이야. 그건 아마 저 사람이 자신의 일이 아닌 다른 사람의 일을 보살피고 있기 때문일 거야.'

어린 왕자는 너무 섭섭해서 한숨을 내쉬며 생각했다.

'친구가 되고 싶은 사람은 저 사람 하나뿐이었는데, 별이 너무 작아서 둘이 있을 수가 없어……'

하지만 어린 왕자는 하루에 1천4백40번이나 해가 지는 이 축복받은 별을 그리워했다는 것을 고백할 수 없었다.

15

여섯 번째 별은 전에 갔던 별보다 열 배나 큰 별이었다. 그 별에는 굉장히 두꺼운 책에 무언가를 쓰고 있는 늙은 신사가 있었다.

"오, 탐험가가 왔구나!"

늙은 신사는 어린 왕자를 보고 소리쳤다.

어린 왕자는 책상에 걸터앉아 숨을 몰아쉬었다. 그는 벌써 꽤 먼 여행을 했던 것이다.

"너는 어디에서 온 거니?"

늙은 신사가 어린 왕자에게 물었다.

"그 두꺼운 책은 뭐예요? 여기서 뭐 하시는 거예요?"

어린 왕자는 대답은 않고 질문부터 했다.

"나는 지리학자란다."

늙은 신사가 대답했다.

"지리학자가 뭐예요?"

"바다와 강, 도시, 산, 사막이 어디에 있는지 아는 학자를 말한단다."

"재미있네요. 이제야 일다운 일을 보게 됐네요."

어린 왕자는 그 별을 둘러보았다. 지금까지 본 적이 없는 아름다운 별이었다.

"할아버지, 별이 참 멋있네요. 이 별에는 바다도 있어요?"

"나는 모른다."

지리학자가 말했다. 어린 왕자는 실망했다.

"그래요? 그러면 산은 있어요?"

"그것도 몰라."

"그러면 강이나 사막은요?"

"그것도 몰라."

"할아버지는 지리학자라면서요?"

"그렇지만 난 탐험가는 아니잖아. 내게는 탐험가가 한 명도 없어. 지리학자는 도시나 강, 산, 바다, 사막을 돌아다니지는 않는단다. 아주 중요한 일을 하고 있기 때문에, 그런 데를 돌아다닐 시간이 없거든. 항상 책상 앞에 앉아서 탐험가를 맞이해야 한단다. 탐험가가 오면, 그 사람에게 질문을 하고, 그의 이야기를 공책에 적지. 그 사람의 이야기가 재미있으면, 그 사람의 인격을 조사한단다."

"왜요?"

"탐험가가 거짓말을 하면 지리책이 틀리게 되니까. 또 술을 많이 마시는 탐험가도 안 돼."

"왜요?"

"술에 취하면 모든 게 둘로 보이거든. 그러니까 술에 취한 사람들의 말을 그대로 지리책에 쓰면, 산이 하나밖에 없는 곳을 두 개로 적어 놓게 되거든."

"전 좋은 탐험가가 되지 못할 사람을 하나 알고 있어요."

"그러니? 아무튼 지리학자는 탐험가가 괜찮아 보이면, 그 사람이 발견한 곳을 조사한단다."

"직접 보러 가나요?"

"아니다, 그건 무척 귀찮은 일이야. 그래서 탐험가에게 증거를 보여 달라고 해. 만약 큰 산을 발견했다면, 그 곳에 있는 큰 돌을 몇 개 가져오라고 하는 거야."

지리학자는 갑자기 흥분하기 시작했다.

"너도 멀리에서 왔지? 그러면 너도 탐험가야. 네가 살던 별 이야기를 해 주겠니?"

지리학자는 커다란 공책을 펼쳐 놓고, 연필을 깎았다. 그는 탐험가들의 이야기는 일단 연필로 적었다가 증거품을 가져오면 그 때 잉크로 쓴다고 했다.

"자, 이제 이야기해 보렴."

지리학자가 말했다.

"제 별은 그렇게 재미있는 곳은 아니에요. 화산이 세 개 있는데, 두 개는 활화산이고, 한 개는 휴화산이에요. 하지만 언제 불을 뿜을지 알 수 없어요."
어린 왕자가 말했다.
"그래, 그건 알 수 없지."
지리학자가 말했다.
"그리고 꽃이 한 송이 있어요."
"지리학자들은 꽃은 기록하지 않는단다."
"왜요? 꽃은 아주 예쁘잖아요?"
"꽃은 순간적이거든."
"순간적이라는 게 무슨 말이에요?"
"지리책은 모든 책 중에서 가장 귀중하단다. 한번 쓰면 절대로 변하지 않지. 산이 위치를 바꾸는 일도 없고, 큰 바다의 물이 말라 버리는 일도 없으니까. 지리학자들은 변하지 않는 것만을 적어 놓는단다."
어린 왕자는 지리학자의 말을 막으며 물었다.
"그렇지만 휴화산이 불을 뿜을 수도 있잖아요. 그런데 순간적이라는 것이 무슨 뜻이에요?"
"휴화산이나 활화산이나 우리에겐 똑같단다. 우리에게 중요한 것은 산이야. 변하지 않는 산……."
"순간적이라는 게 무슨 뜻인데요?"
궁금한 것은 참을 수 없어하는 어린 왕자가 다시 물었다.
"그것은 언젠가는 없어진다는 뜻이야."
"그러면 내 꽃도 언젠가는 없어지나요?"
"물론이지!"
지리학자의 말을 들은 어린 왕자는 생각했다.
'자기 몸을 보호할 수 있는 것이라고는 가시 네 개밖에 없는 꽃을 혼자 버려 두고 왔구나.'

어린 왕자는 꽃을 두고 별을 떠나온 것을 처음으로 후회했다. 하지만 다시 용기를 내어서 물었다.

"이번에는 어느 별에 가는 게 좋을까요?"

"지구라는 별에 가 봐. 아주 유명하단다."

어린 왕자는 혼자 남겨진 꽃을 생각하면서 길을 떠났다.

16

그러니까 어린 왕자가 일곱 번째로 찾은 별이 지구였다.

지구는 다른 별과는 전혀 달랐다. 지구에는 111명의 임금님(물론 흑인 임금님도 넣어서 말이다), 7,000명의 지리학자, 90만 명의 사업가, 750만 명의 술꾼, 그리고 3억 1,100만 명의 잘난 척하는 사람들까지 합쳐서 약 20억 명의 어른들이 살았다.

전기가 발명되기 전까지는, 여섯 대륙 전체에 가로등을 켜는 사람이 46만 2,511명이나 있었다.

조금 떨어진 곳에서 보면, 그 광경은 정말 멋있었다. 많은 사람들의 움직임은 오페라 발레단의 무용수처럼 질서가 있었다.

먼저 뉴질랜드와 오스트레일리아의 사람들이 가로등을 켰다. 그 사람들이 사라지면, 중국과 시베리아의 사람들이 무대에 나타나 춤을 춘다. 다음에는, 러시아와 인도의 사람들이 나타난다. 그 다음에는 아프리카와 유럽, 또 다음은 남아메리카, 북아메리카의 차례였다.

이런 식으로 그들이 무대에 나타나는데, 순서가 틀리는 일은 단 한번도 없었다.

다만 북극에 하나뿐인 가로등을 맡고 있는 사람과 남극에 하나뿐인 가로등을 맡고 있는 사람은 한가롭게 살고 있었다. 그들은 일 년에 두 번밖에 일이 없었다.

17

사람들은 어떤 것을 재미있게 이야기하려고 할 때, 거짓말을 조금 할 수도 있다.

지구에 대해서 잘 모르는 사람은 잘못 생각하고 있을지도 모른다. 사실 사람들은 지구의 아주 작은 부분을 차지하고 있다. 만약 지구에 사는 20억의 사람들이 무슨 모임이라도 가져서 빽빽하게 다가선다면 길이 32킬로미터, 너비 32킬로미터의 광장에 쉽게 들어갈 수 있을 것이다. 태평양의 가장 작은 섬이라도, 온 세계 사람들을 모두 넣을 수 있는 것이다.

물론 어른들은 이 말을 믿지 않을 것이다. 어른들은 자기들이 많은 자리를 차지하고 있다고 생각하기 때문이다. 자기들이 바오밥나무와 같이 어마어마하게 크다고 생각하는 것이다. 그러니까 어른들에게는 계산을 해보라고 해야 한다. 어른들은 숫자를 좋아하니까 무척 기뻐할 것이다. 하지만 여러분은 계산을 하느라 시간을 낭비하지 말아야 한다. 그런 일은 아무 데도 쓸모가 없으니까.

지구에 도착한 어린 왕자는 사람들을 볼 수 없어서 매우 놀랐다. 별을 잘못 찾아온 것은 아닌지 걱정이 되었다. 그 때, 달빛 같은 금색 고리가 모래 위에서 반짝였다.

"안녕?"
어린 왕자는 아무렇게나 말했다.
"안녕."
뱀이 대답했다.
"여기가 무슨 별이니?"
"지구야, 여기는 아프리카지."
"그렇구나. 그런데 지구에는 사람이 살지 않니?"
"여기는 사막이야. 사막에는 사람들이 살지 않거든. 지구는 무척 크단다."
어린 왕자는 돌 위에 앉아 하늘을 바라보았다.
"별들이 빛나는 것은 사람들이 언젠가는 자기의 별로 돌아갈 수 있게 하려고 그러는 걸까? 내 별을 봐. 바로 저 위에서 빛나고 있어. 그런데 너무 멀구나!"

그러자 뱀이 말했다.

"참 아름답구나. 그런데 넌 왜 여기에 왔니?"

"응, 내 별에 있는 꽃과 문제가 생겼어."

어린 왕자가 대답했다.

"그랬구나."

한동안 그들은 말이 없었다.

"사람들은 어디에 있니? 사막에서는 좀 외롭구나."

어린 왕자가 입을 열었다.

"사람들이 사는 곳도 마찬가지로 외롭단다."

뱀이 대답했다.

어린 왕자는 뱀을 가만히 바라보았다.

"너는 이상하게 생겼구나. 손가락처럼 가느다랗고 말이야……."

"그렇지만 나는 임금님의 손가락보다 힘이 세단다."

뱀의 말에 어린 왕자는 살짝 미소를 지었다.

"그리 세어 보이지 않는데! 발도 없으니 여행을 할 수도 없고!"

"나는 배보다도 더 멀리 너를 데리고 갈 수 있어."

뱀은 이렇게 말하고, 금팔찌 모양으로 어린 왕자의 발목을 둥글게 감았다.

"나를 건드리는 사람들은 누구나 자기가 나온 땅 속으로 돌아가게 돼. 하지만 너는 순진하고 또 먼 별에서 왔으니까……."

하지만 어린 왕자는 대답이 없었다.

"너처럼 약한 아이가 바위투성이의 거친 지구에 있는 것을 보니 안됐구나. 네 별로 돌아가고 싶어지면 말해. 언제든지 도와줄게. 나는……."

"그래, 알았어. 그런데 너는 왜 그렇게 수수께끼 같은 말만 하지?"
어린 왕자가 말했다.
"하지만 나는 모두 풀 수 있어."
그리고 둘은 아무 말도 하지 않았다.

18

어린 왕자는 사막을 가로질러 갔다. 하지만 꽃 한 송이만을 만났을
뿐이다. 그 꽃은 꽃잎이 석 장뿐인 아주 초라한 꽃이었다.
"안녕!"
어린 왕자가 꽃에게 인사했다.

"안녕!"

꽃이 대답했다.

"사람들은 어디에 있어?"

어린 왕자가 조용히 물었다.

이 꽃은 낙타를 탄 상인들이 지나가는 것을 본 적이 있었다.

"사람들? 여섯이나 일곱 명 정도도 있다고 생각해. 몇 년 전에 봤거든. 하지만 그 사람들이 지금은 어디에 있는지 모르겠어. 바람에 날아갔을지도 몰라. 사람들은 뿌리가 없어서 살기에 무척 불편할 거야."

"잘 있어."

어린 왕자는 꽃에게 말했다.

"그래, 잘 가."

19

어린 왕자는 높은 산에 올라갔다. 그 동안 어린 왕자가 알고 있었던 산은 겨우 무릎까지만 오는 화산 세 개였다. 어린 왕자는 휴화산을 의자로 쓰고 있었다.

어린 왕자는 생각했다.

'이렇게 높은 산에서 보면, 지구와 사람들을 모두 볼 수 있겠지?'

하지만 어린 왕자는 뾰족뾰족한 바위산 봉우리밖에 보지 못했다.

"안녕!"

어린 왕자는 외쳤다.

"안녕……. 안녕……. 안녕……."

메아리가 대답했다.

"누구세요?"

"누구세요……. 누구세요……."

메아리가 대답했다.

"우리 친구하자. 나는 외로워."

"외로워……. 외로워……."

메아리가 또 대답했다.

어린 왕자는 생각했다.

'지구는 정말 이상한 별이야. 뾰족해서 가까이 갈 수도 없고, 사람들은 남이 하는 말이나 따라 하고 말이야. 내 별에는 꽃이 한 송이밖에 없었지만, 그 꽃은 언제나 먼저 말을 걸었었어.'

20

어린 왕자는 사막과 바위, 눈 속을 오랫동안 걸어다니다가 길을 하나 찾아냈다. 길은 모두 사람들이 사는 곳으로 통하게 된다.

"안녕!"

어린 왕자가 장미가 활짝 피어 있는 정원에서 말했다.

"안녕!"

장미꽃들도 반갑게 인사했다.

어린 왕자는 장미꽃들을 자세히 보았다. 별에 남겨두고 온 꽃과 비슷해 보였다.

"너희들은 누구니?"

어린 왕자가 깜짝 놀라서 물었다.

"우린 장미꽃이야."

장미꽃들이 대답했다.

"어, 그래?"

어린 왕자는 갑자기 슬퍼졌다. 별에 남겨두고 온 꽃은 항상 이 세상에 자기 같은 꽃은 하나밖에 없다고 말했었다. 하지만 이 정원에는 그 꽃과 닮은 꽃이 5천 송이나 있었다.

어린 왕자는 생각했다.

'내 꽃이 이 정원을 본다면 무척 화를 낼 거야. 호들갑스럽게 기침을 하고, 죽는 시늉을 하면서 웃음거리가 되지 않으려고 할 거야. 그러면 나는 꽃을 간호하는 척해야 하겠지. 안 그러면 꽃은 정말 죽어 버릴 거야.'

그리고 또 생각했다.

'난 이 세상에 하나뿐인 꽃을 가졌기 때문에 무척 행복했었어. 그런데 아주 흔한 장미꽃이었구나. 흔한 장미꽃과 무릎까지 오는 화산 세 개, 그 중 하나는 영영 불을 뿜지 못할지도 모르는데, 그것들을 가진 것만으로도 훌륭한 왕자라고 할 수 있을까?'

어린 왕자는 풀밭에 엎드려 눈물을 뚝뚝 떨어뜨렸다.

21

그 때 여우가 나타났다.

"안녕!"

여우가 어린 왕자에게 인사했다.

"안녕!"

어린 왕자도 반갑게 인사하고 주위를 둘러보았지만, 아무것도 보이지
않았다.

"여기야, 사과나무 아래에 있어."

하는 목소리가 들렸다.

"넌 누구니? 정말 예쁘구나."

어린 왕자가 물었다.

"나는 여우야."

여우가 대답했다.

"나랑 놀자. 나는 지금 너무나 슬프단다."

어린 왕자가 말했다.

"나는 너와 놀 수 없어. 왜냐하면 나는 길들여지지 않았거든."

여우가 대답했다.

"그렇구나. 미안해."

어린 왕자는 한참 동안 생각에 잠겨 있다가, 여우에게 물었다.

"그런데 길들여진다는 게 무슨 뜻이야?"

"너는 여기 살지 않는구나. 무얼 찾고 있니?"

여우가 물었다.

"나는 사람들을 찾고 있어. 그런데 길들여진다는 게 무슨 뜻이야?"

"사람들은 총을 가지고 사냥을 해. 아주 나쁜 일이지. 또 사람들은 닭을 기르기도 해. 그런 것이 사람들의 유일한 즐거움이니까 말이야. 너도 닭을 찾고 있니?"

"나는 친구를 찾고 있어. 그런데 길들여진다는 게 무슨 뜻이야?"

"음, 그건 사람들이 잊기 쉬운 일인데, 인연을 맺는다는 뜻이야."

"인연?"

"그래. 지금 나에게 너는 수많은 다른 아이들과 다를 바가 없어. 그래서 네가 필요하지 않아. 너도 마찬가지이고. 너에게 나는 수많은 다른 여우들과 다를 바가 없지. 하지만 네가 나를 길들이게 되면, 우린 서로에게 단 하나뿐인 소중한 사이가 될 거야."

"조금은 알 것 같아. 나에게는 꽃이 하나 있었는데, 그 꽃이 나를 길들인 것 같아."

어린 왕자가 말했다.

"그랬을 거야. 지구에는 별의별 일들이 다 있으니까……."

여우가 말했다.

"아니야, 그 꽃은 지구에 있는 것이 아니야."

여우는 어린 왕자의 이야기를 무척 재미있어했다.

"다른 별에 있는 거야?"

"응."

"그 별에 사냥꾼이 있어?"

"아니."

"와! 좋은데! 그럼 닭은?"

"닭은 없어."

"그건 별로 안 좋은데……."

여우는 한숨을 내쉬었다.

그리고 여우가 말했다.

"내 생활은 비슷비슷해. 나는 닭을 사냥하고, 사람들은 나를 사냥해. 닭들은 모두 비슷비슷하고, 사람들도 모두 비슷비슷해. 그래서 재미가 없어. 하지만 네가 나를 길들인다면, 내 생활은 달라질 거야. 햇빛을 받은 것처럼 밝고 따뜻해지겠지. 나는 다른 발소리와 네 발소리를 구별하게 되겠지. 다른 발소리가 들리면 난 땅 속으로 들어가겠지만, 네 발소리가 들리면 나는 음악을 들은 것처럼 밖으로 나올 거야. 그리고 저기를 좀 봐. 밀밭이 보이니? 나는 빵을 먹지 않으니까 밀을 봐도 아무런 느낌이 없어. 참 슬픈 일이지? 하지만 네 머리가 금발이니까 네가 나를 길들인다면 얼마나 멋지겠어? 나는 금빛 밀밭을 볼 때마다 너를 떠올릴 테니까. 그리고 밀밭을 스치는 바람 소리도 좋아할 거야."

여우는 오랫동안 어린 왕자를 바라보았다.

"나를 길들여 주겠니?"

여우가 어린 왕자에게 말했다.

"그래. 하지만 나는 시간이 별로 없어. 친구를 찾아야 하고, 알아야 할 것들이 너무나 많거든."

"무엇이든 길들이지 않으면 알 수 없어. 사람들은 이제 무언가에 대해 알려고 애쓸 시간이 없어. 어떤 것이든 가게에서 만들어진 것을 사거든. 하지만 친구를 만들어 파는 가게는 없어. 그래서 사람들은 친구가 없어. 친구를 갖고 싶다면 나를 길들여."

"너를 길들이려면 어떻게 해야 하니?"

어린 왕자가 물었다.

"참을성이 많아야 해. 처음에는 나와 조금 떨어져서 이렇게 풀밭에 앉아 있는 거야. 나는 곁눈질로 너를 볼 거야. 너는 아무 말도 하지 말아야 해. 말은 오해를 불러올 수 있거든. 그리고 매일 조금씩 나에게 가까이 다가와서 앉으렴."

다음 날, 어린 왕자는 여우에게 갔다. 여우는 어린 왕자에게 말했다.

"시간을 정해 놓고 오면 좋을 텐데. 만약 네가 늘 오후 4시에 온다면, 나는 3시부터 행복할 거야. 시간이 지날수록 더 많이 행복해지겠지. 4시가 되면 나는 흥분된 마음으로 내가 얼마나 행복한지 너에게 보여 주게 될 거야. 그러려면 우선 네가 아무 때나 온다면, 나는 몇 시에 너를 맞을 준비를 해야 하는지 모르잖아. 의식이 필요해."

"의식이 뭔데?"

어린 왕자가 물었다.

"의식 역시 잊혀져 가는 것이야."

여우가 말했다.

"의식은 어떤 날을 다른 날과 다르게 만들어. 예를 들어 줄까? 사냥꾼들에게도 의식이 있어. 사냥꾼들은 목요일에 마을 아가씨들과 춤을 추거든. 그래서 목요일은 나에게 정말 좋은 날이야. 나는 그 날은 포도밭까지 산책을 나갈 수 있거든. 만약 사냥꾼들이 아무 때나 춤을 춘다면, 모두 똑같은 날이기 때문에, 나에게 휴가 같은 것은 없을 거야."

그렇게 해서 어린 왕자는 여우를 길들였다. 하지만 얼마 후, 어린 왕자가 떠나야 할 시간이 다가왔다.

"아, 눈물이 나올 것 같아."

여우가 말했다.

"네 잘못이야. 나는 너를 아프게 할 생각은 없었는데, 네가 길들여 달라고 했잖아."

"그건 그래."

"하지만 너는 울려고 하잖아!"

"그것도 그래."

"그럼 너에게는 좋을 것이 아무것도 없잖아."

"아니야, 밀밭의 빛깔이 있잖아."

잠시 후, 여우가 말했다.

"장미 정원에 가 봐. 그러면 너는 네 꽃이 이 세상에 단 하나뿐인 꽃이라는 것을 알 수 있을 거야. 그 다음에 내게 작별 인사를 하러 오면 비밀을 알려줄게."

어린 왕자는 장미꽃들에게 가서 말했다.

"너희들은 내 꽃과는 조금도 닮지 않았어. 너희들은 아무것도 아닌 그냥 꽃일 뿐이야. 아무도 너희들을 길들이지 않았으니까. 내가 처음 만났던 여우와 같아. 그 여우는 수많은 다른 여우들과 다르지 않았어. 하지만 지금 나와 여우는 친구가 되었기 때문에, 그 여우는 이 세상에 하나뿐인 여우가 된 거야."

어린 왕자의 말을 듣고, 장미꽃들은 매우 부끄러워했다.

어린 왕자는 말을 이었다.

"너희들은 아름답지만, 단지 피어 있을 뿐이야. 그래서 너희들을 위해서 죽을 사람은 아무도 없을 거야. 물론 내 꽃도 지나가는 사람들에게는 너희와 똑같이 생각될 거야. 하지만 내게는 그 꽃 한 송이가 너희들보다 소중해. 왜냐하면 내가 물을 주고, 유리덮개를 씌워 주고, 바람막이도 세워 주었거든. 또 나비를 보기 위해서 두세 마리는 남겨 두었지만, 애벌레도 잡아 주었어. 꽃이 투덜대는 말도 들어 주고, 자랑하는 말도 들어 주었어. 아무 말이 없을 때에는 걱정을 해 주기도 했어. 나의 꽃이니까 말이야."

그리고 어린 왕자는 여우에게 왔다.

"안녕!"

어린 왕자는 여우에게 작별 인사를 했다.

"안녕! 내 비밀을 말해 줄게. 아주 간단하지. 마음으로 보지 않으면 잘 볼 수 없다는 거야. 가장 중요한 것은 눈에 잘 보이지 않아."
"가장 중요한 것은 눈에 잘 보이지 않는다."
어린 왕자는 여우의 말을 되뇌었다.
"네가 네 꽃을 위해서 보낸 너의 시간 때문에 네 꽃이 소중하게 생각
되는 거야."
"꽃을 위해서 보낸 나의 시간 때문에……."
어린 왕자는 잊지 않으려고 다시 되뇌었다.
"사람들은 이 진리를 잊어버렸지만, 너는 잊지 말아야 해. 네가 길들
인 것에 대해서는 언제까지나 책임을 져야 해. 너는 네 꽃에 대해서
책임이 있는 거야."
"나는 내 꽃에 대해서 책임이 있다……."
어린 왕자는 잊지 않으려고 또다시 되뇌었다.

22

"안녕!"

어린 왕자가 철도원에게 인사했다.

"안녕!"

철도원이 인사했다.

"여기서 뭘 하는 거예요?"

"나는 여행객들을 천 명씩 추리고 있어. 그리고 여행객들이 탄 기차에 신호를 해. 내 신호에 따라서 기차는 오른쪽으로 가기도 하고, 왼쪽으로 가기도 한단다."

철도원이 대답했다.

그 때, 환하게 불이 켜진 급행 열차가 요란한 천둥 소리를 내면서 철도원의 방을 흔들어 놓았다.

"저 사람들은 많이 바쁜가 봐요. 그들은 무엇을 찾고 있나요?"

어린 왕자가 물었다.

"그건 나도 알 수가 없단다."

그 때, 다른 급행 열차가 불을 환하게 켜고 달려왔다.

"벌써 돌아오는 건가요?"

"아니다, 저건 다른 열차야. 아까 지나간 열차와 지금 열차가 서로 엇갈려 가는 거지."

철도원이 대답했다.

"전에 살던 곳이 마음에 들지 않았나요?"

어린 왕자가 물었다.

"자기가 사는 곳을 마음에 들어하는 사람은 아무도 없을 거야."

불을 환하게 켠 세 번째 급행 열차의 시끄러운 소리가 들렸다.

"이 사람들은 첫 번째 급행 열차에 탔던 사람들을 따라가는 건가요?"
"그런 건 아니야. 사람들은 저 안에서 자거나 하품을 하고 있단다. 아이들만 유리창에 코를 비비면서 밖을 내다보고 있지."
"자신이 무엇을 찾고 있는지 아는 사람은 아이들밖에 없을 거예요. 아이들은 헝겊 인형을 가지고 놀면서 시간을 보내요. 그래서 그 인형을 아주 소중하게 생각하지요. 누가 그 인형을 빼앗아 간다면 아이들은 펑펑 울고 말 거예요."
"아이들은 행복하구나."
철도원이 말했다.

23

"안녕!"
어린 왕자가 상인에게 인사했다.
"안녕!"
상인도 어린 왕자에게 인사했다.
그 상인은 목마르지 않게 하는 약을 팔고 있었다. 일주일에 한 번씩 그 약을 먹으면, 목이 마르지 않다고 한다.
"그런 약을 왜 팔아요?"
어린 왕자가 물었다.
"시간을 많이 절약할 수 있거든. 학자들이 연구를 했는데, 이 약을 먹으면 일주일에 53분이 절약된대."
"53분으로 뭘 하는데요?"
"하고 싶은 일을 하면 되지."
'내게 53분이 생긴다면, 난 아마 시원한 샘물을 찾아서 천천히 걸어

갈 거야.'
하고 어린 왕자는 생각했다.

24

사막에서 비행기가 고장난 지 여드레째 되는 날, 나는 마지막 남은 물을 마시면서 상인 이야기를 들었다.

"참 재미있구나. 그런데 나는 아직도 비행기를 고치지 못했고, 이제 마실 물도 없어. 나도 샘물을 찾아 천천히 걸어갈 수 있다면 정말 좋겠구나."

나는 어린 왕자에게 말했다.

"내 친구 여우는……."

어린 왕자가 말했다.

"여우가 무슨 말을 했는지는 이제 중요하지 않아!"

"왜 그렇지?"

"나는 이제 목이 말라 죽게 될지도 모르니까 말이야."

하지만 어린 왕자는 내 말을 이해하지 못하고 말했다.

"죽게 된다고 해도 친구를 가졌다는 것은 정말 좋은 일이야. 나는 여우와 친구라는 것이 좋아."

'이 아이는 위험하다는 것을 모르는구나. 배도 고프지 않고, 목도 마르지 않고, 그저 햇빛만 있으면 되니까.'

하고 나는 생각했다.

어린 왕자는 나를 가만히 바라보다가 말했다.

"나도 목이 말라. 우리 샘물을 찾아가자."

나는 힘이 빠졌다는 듯한 몸짓을 해 보였다. 넓고 넓은 사막에서 무작정 샘물을 찾아간다는 것은 말도 안 되는 일이었으니까 말이다. 하지만 우리는 걷기 시작했다.

몇 시간 동안 아무 말도 하지 않고 걷는 사이 해가 지고, 별들이 반짝이기 시작했다. 나는 목이 말라서 몸에 열이 올랐고, 그 때문에 꿈 속에서 별을 보는 것 같았다. 어린 왕자가 한 이야기들이 기억 속에서 스쳐 지나가고 있었다.

"너도 목이 마르니?"

어린 왕자는 내 말에 대답하지 않았다.

"물은 마음에도 좋을 거야."

라고 말할 뿐이었다.

나는 어린 왕자의 말을 알아들을 수 없었지만, 아무 말도 하지 않았다. 어린 왕자에게 물어 보아야 소용이 없다는 것을 알고 있었으니까.

어린 왕자는 지쳐서 주저앉았다. 나도 그 옆에 앉았다. 잠시 조용히 있다가 어린 왕자가 말했다.

"눈에 보이지 않는 꽃 때문에 별은 아름다워."

"맞아."

나는 달빛이 쏟아지는 모래 언덕을 바라보았다.

"사막은 아름다워."

어린 왕자가 다시 말했다.

그것은 정말이었다. 나는 사막을 무척 좋아했다. 모래 언덕에 앉아 있으면 아무것도 보이지 않았고, 아무것도 들리지 않았다. 하지만 그 침묵 속에서도 무엇인가 반짝 빛나는 것이 있었다.

"사막이 아름다운 것은 어디엔가 샘물이 숨어 있어서 그런 거야."

어린 왕자가 말했다.

나는 갑자기 모래의 그 반짝임을 이해하게 되었다.

어렸을 때 나는 오래된 집에 살았다. 그 집에는 보물이 묻혀 있다는 이야기가 전해져 내려왔다. 물론 보물을 찾은 사람은 없었다. 찾으려고 했던 사람이 없었는지도 모르겠다. 그러나 보물이 있다는 것 때문에 그 집은 매력이 있었다. 그 집 깊숙이 비밀을 간직하고 있었기 때문이다.

"그래. 집이건, 사막이건, 별이건 그것들의 아름다움은 눈에 보이지 않는 것에서 오지."

"아저씨가 내 여우 친구와 같은 생각을 하다니 정말 기뻐!"

곧 어린 왕자가 잠이 들었으므로 나는 어린 왕자를 안고 길을 걸었다. 깨지기 쉬운 보물을 안고 가는 것만 같았다. 달빛은 어린 왕자의 창백한 이마와 감긴 눈, 바람에 휘날리는 머리카락을 비추었다.

'지금 내가 보는 것은 껍질일 뿐이야. 가장 중요한 것은 눈에 보이지 않으니까……'

어린 왕자의 입이 미소를 짓는 것처럼 조금 열리는 것이 보였다.

'잠든 어린 왕자가 나를 감동시키는 이유는 꽃에 대한 성실성 때문이

야. 잠자는 동안에도 어린 왕자의 마음속에서는 등불의 불꽃처럼 꽃의 모습이 빛나고 있어.'

이렇게 생각하자, 어린 왕자가 더욱 깨지기 쉬운 보물 같았다.

'등불을 잘 보호해 주어야지. 바람이 불면 꺼지기 쉬우니까……'

어린 왕자를 안고 걷는 동안 어느 새 새벽이 되었고, 그 때서야 비로소 샘물을 발견할 수 있었다.

25

"사람들은 급행 열차를 타고 가지만, 무엇을 찾고 있는지 몰라. 그래서 서두르고 빙글빙글 도는 거야."

어린 왕자가 말했다. 그리고 덧붙였다.

"모두 소용없는 일이지."

우리가 찾은 샘물은 사하라 사막에 있는 샘물 같지 않았다. 사하라 사막에 있는 샘물은 모두 모래에 구멍을 판 것일 뿐이었다. 그런데 우리가 찾은 샘물은 마을의 우물 같았다. 하지만 그 곳에는 마을이 없었기 때문에, 나는 꿈을 꾸고 있다고 생각했다.

"정말 이상해. 있어야 할 것이 모두 갖추어져 있어. 도르래, 두레박, 줄……"

어린 왕자는 웃으면서 줄을 잡고 도르래를 움직여 보았다. 그러자 오랫동안 잠들어 있던 낡은 풍차처럼 삐걱대면서 움직였다.

"아저씨, 들려? 우리가 이 우물을 깨운 거야. 우물이 노래를 하고 있어."

나는 어린 왕자가 일하는 것을 원하지 않았다.

"내가 할게. 네가 하기에는 너무 힘들어."

나는 천천히 두레박을 우물 위까지 올렸다. 귓가에는 아직도 도르래의 노래가 들렸고, 출렁거리는 물 속에서는 해가 춤을 추고 있었다.

"나는 이 물을 마시고 싶어. 물을 좀 줘."

어린 왕자가 말했다.

나는 어린 왕자가 무엇을 찾고 있는지 알았다.

나는 두레박을 어린 왕자의 입술에까지 대어 주었다. 그는 두 눈을 꼭 감고 물을 마셨다. 그 물은 다른 음식과는 달리 축제 음식처럼 달콤했다. 이 달콤한 물은 별빛 아래를 걸어와, 도르래의 노래를 들으며, 내 팔의 힘으로 직접 길어 올린 것이었다.

나는 어렸을 때 받았던 크리스마스 선물을 떠올렸다. 반짝거리는 크리스마스 트리, 자정 미사의 아름다운 음악 소리, 예쁜 미소를 짓는 얼굴들……. 그것들이 내가 받은 선물을 더욱 빛나게 해 주었다.

"아저씨네 별 사람들은 정원 하나에 장미꽃 5,000송이를 가꾸지만 자기가 정말 원하는 것을 그 안에서 찾지는 못해."

어린 왕자가 말했다.

"그래, 그럴 거야."

내가 대답했다.

"어쩌면 사람들이 찾고 있는 것은 장미꽃 한 송이나 물 한 모금에서 찾을 수 있을 거야."

"그래, 맞아."

내가 말했다. 어린 왕자는 잠시 후 말했다.

"하지만 눈으로는 볼 수 없어. 마음으로 찾아야 하니까!"

나는 물을 마셨다. 훨씬 편해졌다.

"아저씨, 약속을 지켜야지."

어린 왕자가 내 옆에 앉으면서 말했다.

"무슨 약속?"

"내 양에게 굴레를 그려 주겠다고 했잖아. 난 꽃을 책임져야 해."

나는 주머니에서 지난번에 그린 그림을 꺼냈다. 어린 왕자는 그 그림들을 보며 웃었다.

"아저씨가 그린 바오밥나무는 양배추처럼 생겼어."

"그래?"

나는 정말 온 정성을 다해 바오밥나무를 그렸었다.

"이 여우는 귀가 꼭 뿔 같아. 그리고 너무 길어."

어린 왕자는 다시 웃었다.

"너무하는구나. 나는 속이 안 보이는 보아뱀과 보이는 보아뱀밖에 그려 본 적이 없었어."

"괜찮아. 아이들은 그것만으로도 알 수 있어."

어린 왕자는 웃으면서 줄을 만지고 도르래를 돌려 보았다.

나는 연필을 들고, 양에게 씌울 굴레를 그렸다. 어린 왕자에게 그 그림을 주고 나니 마음이 조금 아팠다.

"무슨 생각을 하고 있니? 네가 무슨 생각을 하는지 모르겠구나."

어린 왕자는 내 질문에는 대답하지 않고 말했다.

"내일이면 내가 지구에 온 지 1년이 돼. 바로 이 근처였어."

어린 왕자는 얼굴을 붉혔다.

나는 알 수 없는 이상한 슬픔에 사로잡혔다. 문득 한 가지 궁금한 것이 떠올랐다.

"여드레 전에 내가 너를 처음 만난 날 아침, 네가 사람들이 사는 곳에서 멀리 떨어진 곳을 걷고 있었던 것은 우연이 아니었구나. 하늘에서 내려온 곳을 찾고 있었니?"

어린 왕자는 다시 얼굴을 붉혔다.

"1년이 되는 날을 기념하기 위해서야?"

나는 조금 망설이면서 어린 왕자에게 물었다.

어린 왕자는 대답은 하지 않고, 또다시 얼굴을 붉혔다. 무엇을 물어보아도 어린 왕자는 '응' 하고 대답하는 법이 없었다. 혹시 얼굴을 붉히는 것이 그렇다는 뜻은 아닐까?

"아, 조금 무섭구나."

어린 왕자가 나의 말을 막으며 말했다.

"아저씨, 이제 비행기가 있는 곳으로 가서 일을 해. 나는 여기에 있을게. 내일 저녁에 다시 와."

나는 안심이 되지 않았지만 문득 여우 생각이 났다. 길들여지면 울염려가 있는 것이다.

26

샘물 옆에는 오래된 돌담이 있었다. 다음 날 저녁, 나는 일을 끝내고 어린 왕자가 있는 샘물로 갔다. 어린 왕자가 돌담 위에 다리를 늘어뜨리고 앉아 있는 모습이 멀리서 보였다. 어렴풋이 어린 왕자의 목소리가 들렸다.

"생각나지 않니? 여기는 아니야."

누군가가 어린 왕자에게 대답을 한 모양이다. 어린 왕자가

"아니, 날짜는 맞지만 여기가 아니야."

라고 대답했다.

나는 돌담을 향해 걸어갔다. 아무도 보이지 않았고, 아무 소리도 들리지 않았다. 하지만 어린 왕자는 다시 대답했다.

"모래 위의 내 발자국이 어디부터 시작되었는지 잘 봐. 너는 거기서

나를 기다리기만 하면 돼. 오늘 밤에 거기로 갈 테니까."

나는 돌담에서 겨우 20미터 정도 떨어진 곳에 있었는데 아무것도 보이지 않았다.

얼마 후, 어린 왕자가 말했다.

"좋은 독을 가지고 있겠지? 날 오래 아프게 하지 않을 자신 있는 거야?"

나는 가슴이 죄어 와서 그 자리에 멈추어 섰다. 하지만 여전히 무슨 일인지는 알 수 없었다.

"이제 가 봐. 돌담에서 내려가고 싶어."

그제야 담 밑을 내려다본 나는 깜짝 놀랐다. 30초면 사람을 죽일 수 있는 독을 가진 노란 뱀 한 마리가 어린 왕자 쪽으로 머리를 세우고 있

었다. 나는 권총을 찾으려고 주머니를 뒤지면서 뛰어갔다. 그러나 내 발소리를 들은 뱀은 사르르 모래 속으로 기어 들어가더니, 가벼운 쇳소리를 내면서 돌 틈으로 사라졌다. 내가 담 아래에 도착했을 때에는 새하얗게 창백해진 어린 왕자를 겨우 품에 안을 수 있었다.

"이게 무슨 일이야? 이젠 뱀하고도 이야기를 하는 거야?"

나는 어린 왕자가 푼 적이 없는 목도리를 느슨하게 해 주고, 물로 관자놀이를 적셔 준 다음 물을 먹였다. 그러자 그에게 무슨 말을 해야 할지 몰라 가만히 있었다. 어린 왕자는 나를 바라보더니 두 팔로 내 목을 껴안았다. 어린 왕자의 심장은 사냥꾼의 총에 맞아 죽어 가는 새의 심장처럼 팔딱거렸다.

"아저씨가 엔진을 고치게 되어서 기뻐. 이제 아저씨는 집으로 돌아갈 수 있지?"

"그걸 어떻게 알았어?"

정말로 나는 고칠 수 없을 것 같은 비행기를 고치는 것에 성공한 것을 어린 왕자에게 알려주려고 왔던 것이다.

어린 왕자는 내 말에 대답하지 않고 말했다.

"아저씨, 나는 오늘 집으로 돌아갈 거야……."

그리고 쓸쓸한 목소리로 말했다.

"집으로 가는 길은 너무 멀고 힘들어."

나는 무엇인가 심각한 일이 일어나고 있다는 것을 깨달았다. 어린 왕자를 아기처럼 꼭 껴안았다.

어린 왕자는 먼 곳을 바라보고 있었다.

"나에겐 아저씨가 그려 준 양이 있어. 양을 넣을 상자와 굴레도 있고……."

어린 왕자는 슬프게 미소지었다.

나는 오랫동안 어린 왕자를 바라보았다. 그의 몸이 차츰 따뜻해졌다.

"많이 무서웠지?"

물론 무서웠을 것이다. 하지만 어린 왕자는 조용히 웃으며 말했다.

"오늘 밤엔 훨씬 더 무서울 거야."

나는 돌이킬 수 없는 일이 일어날 것만 같아서 가슴이 무너지는 듯했다. 사막의 샘물과도 같은 어린 왕자의 웃음소리를 다시는 들을 수 없을 것 같았다.

"네 웃음소리를 다시 듣고 싶어."

하지만 어린 왕자가 말했다.

"오늘 밤이면 꼭 1년이 돼. 오늘밤, 내 별은 작년에 내가 떨어진 곳의 위에 오게 돼."

"그 뱀이나, 만나는 장소, 별들은 모두 꿈이라고 말해 주지 않겠니?"

하지만 어린 왕자는 그 말에도 대답하지 않고 말했다.

"가장 중요한 것은 눈에 보이지 않아."

"그래, 맞아."

"꽃도 마찬가지야. 아저씨가 어떤 별에 있는 꽃을 사랑하게 되면, 밤하늘을 보는 것만으로도 참 행복할 거야. 모든 별에는 꽃이 피어 있거든."

"그래, 맞아."

"물도 마찬가지야. 아저씨가 내게 준 물은 도르래와 줄이 있었기 때문에, 퍼 올릴 때 음악을 듣는 것 같았어. 얼마나 맛있는 물이었는지 아저씨도 기억하지?"

"응."

"밤하늘을 봐. 내 별은 너무 작아서 어디에 있는지 아저씨에게 보여 줄 수는 없어. 그게 더 나을 거야. 내 별은 아저씨에게는 수많은 별

중의 하나가 될 거야. 그래서 아저씨는 별을 바라보는 것이 좋아질 거야. 그 별들이 모두 아저씨의 친구가 될 테니까. 그리고 아저씨에게 선물을 하나 줄게."

어린 왕자는 웃었다.

"난 네 웃음소리가 좋아."

"이게 내 선물이야. 이건 물을 마셨을 때와 마찬가지야."

"그게 무슨 말이니?"

"사람들은 모두 다른 눈으로 별을 봐. 여행하는 사람들에게 별은 길잡이야. 어떤 사람에게 별은 그저 하늘의 조그만 빛일 뿐이야. 또 천문학자에게는 어려운 숙제가 될 테고, 내가 만났던 사업가는 별을 금으로 생각했어. 하지만 별들은 가만히 있을 뿐이지. 아저씨는 그런 사람들과는 다른 별을 갖게 될 거야."

"왜 그렇지?"

"내가 수많은 별들 중 하나에서 살고 있을 테니까. 아저씨가 별을 바라볼 때면, 내가 그 별 중 하나에서 웃고 있을 테니까. 아저씨에게는 아마 모든 별이 웃고 있는 것처럼 보일 거야. 그러면 아저씨는 웃을 줄 아는 별을 가지게 되는 셈이지!"

어린 왕자는 또 웃었다.

"아저씨의 슬픔이 가라앉으면, 나를 알았던 것을 기쁘게 생각할 거야. 슬픔이라는 것은 언제나 시간이 흐르면 달라지잖아. 아저씨는 언제까지나 나의 친구이고, 나와 함께 웃고 싶을 거야. 그리고 괜히 창문을 열고 웃을 때가 있을 거야. 아저씨의 친구들이 그 모습을 보면 무척 이상하게 생각하겠지. 하지만 아저씨는 '나는 별을 보면 늘 웃음이 나와.' 라고 말을 할 거야. 어쩌면 아저씨의 친구들은 아저씨를 미쳤다고 생각할지도 몰라. 그러면 나는 아저씨에게 짓궂은 장난을

한 게 되겠지만."

어린 왕자는 다시 웃었다.

"별이 아니라 웃을 줄 아는 작은 방울들을 아저씨에게 준 거야."

어린 왕자는 또 웃다가 진지한 표정으로 말했다.

"아저씨, 오늘 밤에는 오지 마."

"난 네 곁을 떠나고 싶지 않아."

"나는 아픈 것처럼 보일 거야. 죽어 가는 것처럼 보일지도 몰라. 그런 내 모습은 보이고 싶지 않아. 오지 마."

"나는 네 곁을 떠나지 않을 거야."

하지만 어린 왕자는 걱정이 되는 모양이었다.

"내가 이런 말을 하는 건 뱀 때문이야. 뱀이 아저씨를 물면 어떡해? 뱀은 장난으로 아저씨를 물 수도 있단 말이야."

"나는 네 곁을 떠나지 않는다니까!"

갑자기 어린 왕자의 표정이 밝아졌다.

"맞아. 뱀은 두 번째 물 때에는 독이 없어."

그날 밤 나는 어린 왕자가 떠나는 것을 알지 못했다. 소리 없이 떠났던 것이다.

내가 뒤를 따라갔을 때, 어린 왕자는 재빠르게 걷고 있었다. 어린 왕자는 나를 보자 말했다.

"아, 아저씨구나……."

어린 왕자는 내 손을 잡았다. 그리고 다시 걱정을 하기 시작했다.

"아저씨는 오지 않는 게 좋았을 거야. 아저씨는 많이 슬플 거야. 난 죽은 것처럼 보이겠지만, 사실은 죽은 게 아니야."

나는 아무 말도 하지 않고 가만히 있었다.

"내 별은 너무 멀다는 거 알지? 그래서 이렇게 무거운 몸을 가지고는

갈 수 없어."

나는 여전히 가만히 있었다.

"이건 내가 벗어버린 껍질과 같은 거야. 버린 껍질에 대해서 슬퍼할 필요는 없어."

나는 가만히 있었다.

그는 약간 기가 죽었지만, 다시 말했다.

"정말 멋지지? 나도 별을 바라볼 거야. 모든 별들이 녹슨 도르래가 달린 샘물이 되겠지. 모든 별들이 나에게 시원한 물을 줄 거야."

나는 가만히 있었다.

"재미있겠다! 아저씨는 5억 개의 웃는 방울을 갖고, 나는 5억 개의 샘물을 갖게 되니까……."

그리고 어린 왕자는 더 이상 말을 하지 않았다.

그는 울고 있었다.

"이제 다 왔어. 혼자 가게 해 줘."

그리고 어린 왕자는 무서웠는지 주저앉았다.

"아저씨, 내 꽃……. 나는 그 꽃에 책임이 있어. 그 꽃은 약하고 천진
스러워. 몸을 보호할 수 있는 거라고는 가시 네 개밖에 없어."

나도 어린 왕자의 옆에 주저앉았다. 더 이상 서 있을 수가 없었다.

"자, 이제 할말이 없어."

어린 왕자는 잠시 망설이다가 일어섰다. 그리고 한 걸음 걸었다. 하지
만 나는 일어설 수 없었다.

어린 왕자의 발목에서 노란 빛이 반짝 빛났다. 어린 왕자는 잠깐 동
안 그대로 서 있었다.

그리고 잠시 후, 나무가 넘어지듯이 조용히 쓰러졌다. 그는 어떤 소리
도 내지 않았다.

주위는 모래였기 때문에 아무 소리도 나지 않았다.

27

벌써 6년이나 지난 이야기이다.

나는 이 이야기를 친구들에게 한 적이 없다. 친구들은 내가 살아서 돌아온 것을 보고 무척 기뻐했다. 나는 몹시 슬펐지만, 친구들에게는 피곤하다고 말했을 뿐이다.

이제 그 슬픔이 어느 정도 가라앉았다. 그렇지만 완전히 없어진 것은 아니다. 나는 어린 왕자가 자신의 별로 돌아갔다는 것을 알고 있다.

해가 떴을 때, 어린 왕자의 몸은 어디에도 보이지 않았다. 그다지 무거운 몸은 아니었던 것이다.

그래서 나는 밤하늘을 보며 별들의 소리를 듣는 것을 좋아한다. 5억 개의 방울과 같은 것이니까.

그런데 문제가 생겼다. 어린 왕자에게 그려 준 양의 굴레에 가죽끈을 달아 주지 않았던 것이다. 아마 어린 왕자는 굴레를 맬 수 없었을 것이다.

그래서 나는 이런 걱정을 하기도 한다.

'어린 왕자의 별에 무슨 일이 생겼을까? 어쩌면 양이 꽃을 먹어 버렸을지도 몰라.'

또 이런 생각을 하기도 한다.

'그런 일은 일어나지 않아! 어린 왕자는 밤마다 꽃에게 유리덮개를 씌워 주고, 양이 가까이 못 가게 잘 지킬 테니까!'

그렇게 생각하면 나는 행복하다.

하지만 이런 생각이 들 때도 있다.

'어떤 날 잊어버리면 어떡하지? 어린 왕자가 꽃에 유리덮개를 씌우는 것을 잊어버렸다거나, 밤에 양이 소리 없이 나오면 큰일인데…….'

그렇게 생각하면 작은 방울들은 눈물이 된다.

정말 이상한 일이다. 어린 왕자를 사랑하는 여러분들에게나 나에게나, 우리가 알지도 못하는 양이 어딘가에서 꽃을 먹었는지 안 먹었는지에 따라서 세상의 모든 것이 달라져 보이니까 말이다.

하늘을 바라보라. 그리고 양이 꽃을 먹었을지 안 먹었을지 생각해 보라. 그러면 세상의 모든 것이 어떻게 달라지는지 알 수 있을 것이다.

그러나 어른들은 그것이 중요한 일이라는 것을 아무도 알지 못할 것이다.

다음 그림은 내게 있어서 가장 슬프고 쓸쓸한 그림이다.

앞의 그림과 같지만, 여러분에게 잘 보여 주려고 다시 한 번 그렸다.

어린 왕자가 지구에 모습을 나타냈다가 사라진 곳이 바로 이 곳이다.

언젠가 아프리카를 여행할 일이 생기면, 이 곳을 알아볼 수 있도록 잘 보아 두길 바란다. 그리고 이 곳을 지나가게 된다면 서두르지 말고,

잠깐 동안 별 아래에서 기다려 보라.

　그 때, 어떤 아이가 옆에 다가와 웃는다면, 그 아이의 머리가 금빛이라면, 또 무슨 말을 물어도 대답하지 않는다면, 그 애가 누구인지 알 수 있을 것이다.

　그러면 이렇게 슬픔에 빠져 있는 나를 내버려두지 말고, 편지를 보내주지 않겠는가? 어린 왕자가 돌아왔다고…….

야간 비행

비행기 아래로는 황금빛 저녁 노을 속에 그림자를 길게 늘인 야산이 있었다. 언제까지나 변하지 않는 빛 속에서 평야는 밝아졌다. 이 지방에는 황금빛 저녁 노을이 오랫동안 남아 있다. 마치 겨울이 지난 후에도 오랫동안 눈이 평야에 남아 있는 것처럼 말이다. 파타고니아 노선 우편기를 조종하는 파비앵은 먼 남극 지방에서 부에노스아이레스를 향해 오고 있었다. 그는 어떤 항구의 수면 같은 고요함과 구름이 만들어 내는 잔주름 같은 표시로, 황혼이 가까이 오고 있음을 알았다. 이 고요한 풍경을 바라보면서 마치 자신이 천천히 산책을 하는 목동처럼 느껴질 수 있었을 것이다. 파타고니아에서는 목동들이 이 양 떼에서 저 양 떼로 천천히 옮겨다니는데, 파비앵은 이 도시에서 저 도시로 천천히 옮겨다니며, 작은 도시들의 목자가 되었다. 두 시간마다 그는 강기슭에 물을 마시러 오거나, 들에서 풀을 뜯고 있는 양 떼를 만나곤 했다.

때때로 바다에서보다 더 사람을 만나기 힘든 초원 지대를 1백 킬로미터나 지난 후에, 목장이 출렁이는 물결 속에 사람들을 잔뜩 태워서 자꾸 뒤로 끌고 가는 듯한 외딴 농가를 만나기도 했다. 그럴 때면 그는 비행기 날개를 흔들어서 그들에게 인사를 하곤 했다.

"산줄리안이 보임. 10분 후에 착륙하겠음."

기내 무전사는 이 통보를 항로상의 각 무전국에 보냈다.

마젤란 해협에서 부에노스아이레스에 이르는 2천5백 킬로미터에는 비슷하게 생긴 비행장들이 여러 개 있었다. 하지만 산줄리안 비행장은 밤의 경계선 위에 놓여 있었는데, 마치 아프리카에서 귀순한 부락 중 맨 마지막 부락이 미지의 세계의 국경선 위에 놓여 있는 것과도 같았다.

무전사가 종이 쪽지를 조종사에게 전했다.

"비와 천둥이 너무 심해서 천둥 소리가 수신기에서 윙윙거립니다. 산줄리안에서 쉬시겠습니까?"

파비앵은 조용히 미소지었다. 하늘은 호수처럼 잔잔하고, 그들의 앞에 있는 기항지 비행장에서는 어디에서나 "맑음, 바람 없음."이라고 알려 왔다.

그는 말했다.

"그대로 계속해서 가겠다."

하지만 무전사의 생각에는 과일 속에 벌레가 들어 있는 것처럼, 하늘 어딘가에 뇌우가 들어 있는 것 같았다. 밤하늘은 아름답겠지만, 그래도 어긋난 데가 있을 것 같았다. 그는 썩어 가는 이 어둠 속으로 빠져드는 것이 너무 싫었다.

파비앵은 엔진의 회전수를 줄여 가며 산줄리안에 착륙했다. 그 때, 파비앵은 몸이 좋지 않았다. 인간의 생활을 부드럽게 해 주는 모든 것들이 점점 커지며 그에게 다가왔다. 그들의 집, 그들의 카페, 그들의 산책길의 가로수 따위가 모두 그랬다. 그는 수없이 많은 정복을 한 후에 자기의 영토를 내려다보며 인간의 작은 행복을 발견하는 정복자와도 같았다. 파비앵은 무기를 내려놓자, 몸이 무겁고 뼈마디가 쑤시는 것을 깨달았다.

파비앵에게는 작은 소망이 있었다. 가난도 재산이라고 생각할 수 있을 만큼 그저 소박한 사람이 되어서 앞으로도 변함 없을 창밖의 풍경을 내다보며 지내는 것이다. 사람은 자기가 좋아하는 것을 고르고, 자기 생활의 우연을 받아들이고, 그것을 사랑할 수 있다. 하지만 그것은 사랑과 같이 사람의 눈을 흐리게 한다. 파비앵은 여기에서 오래오래 살며, 영원에 한몫 거들고 싶었다. 왜냐하면, 그는 한 시간 동안 날며 지나치는 작은 도시들과 그 오래된 담 속에 갇혀 있는 정원들이 자기와 상관없이 영원히 남아 있을 것으로 생각되었기 때문이다.

마을은 비행기를 향해 올라오고, 그를 향해서 활짝 열려 있었다. 그러니까 파비앵은 우정이라든가, 상냥한 여자들이라든가, 하얀 식탁보를 사이에 두고 아늑하게 식사를 한다든가 하는, 천천히 몸에 익혀져 영원토록 남는 것들이 머릿속에 떠올랐다. 마을은 비행기 날개와 나란히 흘러가면서 둘러싼 담이 보호할 수 없는, 갇힌 정원의 신비함을 드러냈다. 그러나 착륙한 후 파비앵은 돌담 사이로 조용히 움직이고 있는 사람 몇 명밖에는 아무것도 보지 못했다는 것을 알게 되었다. 이 동네는 그의 부동성만을 가지고도 곧잘 자기 정열의 비밀을 지켜 나갔고, 파비앵에게 아늑한 품을 맡기기를 거부하였다. 이 마을의 아늑한 품을 정복하려면 행동을 단념해야만 했을 것이다.

10분간의 정기가 끝나자, 파비앵은 다시 떠나야만 했다. 그는 산줄리안을 돌아보았다. 산줄리안은 이제 한줌의 빛, 한줌의 별에 지나지 않았다. 그리고 마침내 그의 마음을 이끄는 먼지마저 사라졌다.

"이제 지침반이 안 보인다. 불을 켜자."

그는 스위치를 넣었다. 하지만 조종석의 붉은 램프가 지침 위에 쏟아내는 불빛은 아직도 몹시 희미해서 지침들을 붉게 비추지는 못했다. 그는 전구 앞에 손가락을 갖다 대 보았다. 손가락이 붉게 물든 것 같았다.

"너무 이르군."

어둠은 벌써 검은 연기처럼 피어 올라 골짜기들을 어둡게 만들었다. 이제는 골짜기와 평야를 구별할 수 없을 정도였다. 마을마다 등불이 켜지고, 그들의 성좌들이 서로 응답을 하고 있었다. 그래서 그도 현등을 껐다 켰다 하면서 마을들에게 응답했다. 등화 신호를 보고 온 땅은 긴장을 하고 있었다. 모든 집이 바다를 향해서 등대를 켜놓듯, 각각 그의 별에 불을 켜고 밤하늘을 향해서 올려 보냈다. 사람의 생명을 덮고 있는 모든 것이 반짝이고 있었다. 어떤 말굽에라도 들어가듯, 조용하고 아름답게 밤으로 접어드는 것을 파비앵은 말없이 바라보고 있었다.

그는 조종석의 의자에 머리를 파묻었다. 지침의 라듐이 빛을 내기 시작했다. 조종사는 차례차례 숫자를 점검하고 무척 마음에 들어했다. 그는 자기가 공중에 든든하게 자리잡고 있음을 발견했다. 손가락으로 철제 종재를 건드려 보았다. 그리고 그 금속 안에 생명이 흐르고 있는 것을 느꼈다. 금속은 진동은 하지 않았지만 살아 있었다. 엔진의 6백 마력은 그 금속 안에 아주 고요한 생명 줄기를 흐르게 했다. 그래서 얼음처럼 차가운 강철은 비로드와 같은 부드러운 살로 변했다. 다시금 조종사는 비행하는 동안 현기증도 취기도 느끼지 않고, 오직 살아 있는 육체의 신비스러운 활동만을 느꼈다.

지금 그는 한 세계를 상으로 받았고, 거기에 편안히 자리하기 위해서 팔꿈치를 놀리고 있는 중이었다.

그는 배전반을 따닥따닥 두드리고, 스위치를 하나하나 만져 보았다. 그리고 몸을 조금 움직여서 의자에 자리를 고쳐 잡았다. 그런 다음 움직이는 밤이 짙어지고 있는 이 5톤 금속의 움직임을 가장 잘 알 수 있는 자리를 찾아보았다. 보조 램프를 찾아서 제자리에 갖다 놓고, 한 번 놓았다가 다시 잡았다가 하며 굴러가지 않는 것을 확인했다. 그리고 핸들을 하나하나 두드려서 틀림없이 붙잡을 수 있도록 장님 세계에 대비해서 손가락을 훈련시켰다. 손가락이 그것에 익숙해진 후에야 비로소 그는 램프에 불을 켜서 조종석을 정밀 기계로 장식하고, 잠수하듯이 밤 가운데로 돌입하는 것을 지침반을 통해 지켜보았다. 아무것도 흔들리는 것이 없고, 진동하는 것도 없고, 떠는 것도 없고, 자이로스코프나 고도계도 엔진의 회전수도 그대로 있는 것을 확인하였다. 그러자 그는 가볍게 기지개를 켜고 뒷덜미를 의자 등가죽에 갖다 댔다. 그러고는 깊은 명상을 시작했다. 그 명상으로 그는 말로는 설명할 수 없는 희망을 느끼곤 했다.

그는 지금 야경꾼의 모습으로 밤 한가운데에서, 밤이 보여 주는 인간, 즉 저 부르는 소리, 저 불안 따위를 발견한다. 어둠 가운데에서 홀로 반짝이는 별 하나, 저것은 외딴 집이다. 별이 하나 꺼진다. 저것은 사랑을 간직하고 문이 닫히는 집이다. 혹은 슬픔을 간직하고 문이 닫히는 집인지도 모른다. 그것은 나머지 세상에 신호를 보내지 않게 된 집이다. 램프 앞에서 탁자에 팔을 괴고 있는 저 농부들은 자신들의 희망이 무엇인지 모른다. 그들은 자신들의 욕망이 그들을 둘러싸고 있는 크나큰 밤 가운데에서 그렇게까지 멀리 미친다는 것을 알지 못한다.

그러나 파비앵은 1천 킬로미터나 떨어진 곳에서 오는 동안, 숨쉬고 있는 비행기를 깊은 공기의 물결이 끌어올렸다 내리쳤다 할 때, 또 전쟁하는 나라 같은 많은 뇌우를 거쳐 오면서 달빛이 새어 나오는 곳을 건너지를 때에, 또는 그 등불들을 차례로 정복한다는 기분으로 지나칠 때에 이 욕망을 발견하는 것이다. 저 농부들은 자신들의 등불이 그 초라한 탁자를 비추는 것이라고 생각한다. 하지만 저들에게서 80킬로미터나 떨어진 곳에서는 이 농부들이, 무인도에서 바다를 향해 그것을 절망적으로 흔들고 있는 것같이, 벌써 그 등불의 부르는 소리를 마음속에 느끼고 있는 것이다.

　이처럼 파타고니아 선, 칠레 선, 또 파라과이 노선의 우편기 석 대가 남쪽, 서쪽, 북쪽에서 부에노스아이레스를 향해 돌아오고 있었다. 부에노스아이레스에서는 자정쯤 유럽행 비행기를 떠나보내기 위해서 이들이 실어오는 우편물을 기다리고 있었다.

　세 조종사는 각각 지붕 달린 배와 같은 커다란 덮개 위에 앉아 밤을 방황하며 그들의 비행을 명상하고 있었다. 하지만 그들은 뇌우가 몰아치거나 혹은 평온한 하늘에서 이 엄청난 도시를 향해 마치 괴상하게 생긴 농부들이 산에서 내려오듯이 천천히 내려올 것이다.

　항공로 전체에 대해서 책임을 맡고 있는 리비에르는 부에노스아이레스의 착륙장 여기저기를 거닐고 있었다. 그는 말이 없었다. 왜냐하면, 이 비행기 석 대가 도착하기까지 오늘 그에게 있어서 매우 무서운 날이기 때문이다. 매분마다 오는 전보에 따라 리비에르는 무엇인가를 운명의 손에서 빼앗고, 미지의 것을 줄이며, 탑승원들을 어둠 속에서 구해 해변까지 끌어온다는 것을 생각했다.

　인부 한 사람이 그에게 무전국의 메시지를 전했다.

　"칠레 선 우편기에서 부에노스아이레스의 등불이 보인다는 통보를 보내왔다."

　"좋아요!"

　얼마 후, 리비에르에게는 이 비행기의 폭음이 들려올 것이다. 밀물과 썰물로 가득 찬 바다가 오랫동안 갖고 있던 보물을 해변으로 돌려주듯, 밤은 벌써 비행기 한 대를 인도하는 중이었다. 조금만 더 기다리면 밤은 나머지 두 대도 내어 줄 것이다.

　그러면 오늘 하루는 끝나게 된다. 지친 탑승원들은 자러 가고, 새 탑승원들이 교대할 것이다. 하지만 리비에르에게는 휴식이란 있을 수 없는 일이다. 이번에는 유럽행 비행기 때문에 새로운 불안을 짊어지게 될 것이기 때문이다. 그것은 언제까지나 계속될 일이다. 언제까지나…….

이 연공을 쌓은 분투가가 자신이 피로하다는 것을 느끼곤 처음으로 놀랐다. 비행기가 도착하는 것은 전쟁을 끝내고 행복한 평화를 열어 주는 승리가 될 수 없을 것이다. 그에게는 단지 이제부터 걸어가야 할 천 개의 발걸음에 있어서 첫걸음을 내딛는 것밖에 되지 않을 것이다.

리비에르는 오래 전부터 몹시 무거운 물건을 들고 있는 것처럼 느껴졌다. 휴식도, 희망도 없는 노력이라는 큰 짐 말이다.

'나도 이제 늙어 가는구나…….'

행동 자체에서 자신의 양식을 찾아내지 못하게 되었다면, 그는 늙어 간다는 것이다. 지금까지 한 번도 생각하지 않았던 일을 곰곰이 생각하고 있는 것이 이상하게 여겨졌다. 그가 늘 물리쳐 왔던 아늑한 느낌이 우울한 소리를 내면서 그에게 달려드는 것이었다. 그것은 보이지 않는 큰 바다와 같았다.

'그래, 그것들이 이렇게까지 가까이 왔단 말인가?'

그는 사람들의 생활을 기쁘게 해 주는 것들은 '늙은 이후'로, '시간이 있을 때'로 조금씩 미루어 왔다는 것을 깨달았다. 마치 사람이 어느 날 정말로 시간을 가질 수나 있는 것처럼, 마치 사람이 마지막 때에 자신이 원하는 평화를 차지할 수 있기나 한 것처럼 말이다. 하지만 평화라는 것은 있을 수 없고, 어쩌면 승리라는 것도 없을지 모른다. 우편물이 모두 도착하는 것은 있을 수 없는 일이니까.

리비에르는 노감독 르루 앞에서 멈춰 섰다. 르루는 이 일에 40년째 종사해 온 사람이었다. 그는 노동에 온 힘을 바쳐 왔다. 르루는 밤 10시나 자정이 되어서야 집으로 돌아가는데, 새로운 세계가 그 앞에 나타나는 것도 아니고, 일상생활에서 도망치는 것도 아니었다. 무거운 머리를 쳐들고, 검푸른 프로펠러 보스를 가리키며,

"이놈이 아주 단단히 버텼지만, 기어코 해치우고야 말았지요."
라고 말하는 르루에게 리비에르는 빙그레 웃어 보였다. 그리고 프로펠러 보스를 들여다보았다. 그에게 직업 의식이 돌아온 것이다.

"공장에 말해서, 이 부속들을 좀더 매끄럽게 조절되도록 해야겠군."
그는 닳은 곳을 손가락으로 또닥거려 보고 나서, 다시 르루를 유심히 보았다. 깊게 파인 주름살을 보니 우스운 질문이 그의 입술을 간지럽게 했다. 그는 그것이 너무나 우스웠다.

"르루, 살면서 연애를 많이 했나?"
"연애요? 글쎄요, 그다지……."
"자네도 나와 같군, 시간이 별로 없었단 말이지……."
"뭐, 시간이……."
리비에르는 르루의 대답에 슬픈 감정이 있는지 알아보려고 그의 목소리를 유심히 들었다. 하지만 그의 대답에는 슬픈 감정은 없었다. 그는 자기의 과거 생활에 대해서, 목수가 널빤지를 훌륭하게 다듬어 놓고 "아, 다 됐다!" 하고 느끼는 것 같은 차분한 만족감을 느끼고 있었다.

'자, 내 일생도 이제 다 됐다.'
하고 리비에르는 생각했다.

그는 피로에서 오는 서글픈 생각을 모두 물리치고, 격납고 쪽으로 발걸음을 옮겼다. 칠레 선 비행기가 폭음을 내고 있었기 때문이었다.

멀리서 들려오던 엔진 소리가 점점 더 크게 들렸다. 폭음이 익어 갔다. 불들이 켜졌다. 항공 표지의 붉은 전등들이 격납고, 무전탑, 사각형 모양의 착륙장 위치를 알려주었다. 잔치를 준비하는 것이었다.

"왔다!"

비행기는 벌써 탐조등의 불빛 속에 모습을 드러냈다. 어찌나 번쩍거리는지 새 비행기처럼 보이기까지 했다. 이윽고 비행기가 격납고 앞에 머물고, 정비사들과 인부들이 몰려와 우편물을 내리기 시작했다. 그런데 펠르랭 조종사는 꼼짝도 하지 않고 있었다.

"이봐, 안 내리고 뭘 하는 거야?"

무슨 신비로운 생각에 잠겨 있는 것인지 조종사는 대답조차 하지 않았다. 아마도 비행기의 폭음에 아직도 귀를 기울이고 있는 모양이었다. 그는 천천히 머리를 끄덕이고, 몸을 앞으로 굽혀 무엇인가를 만지작거리고 있었다. 그러고 나서야 상사들과 동료들에게 몸을 돌리고, 자기 소유물이라도 보듯이 점잖게 그들을 둘러보았다. 그는 그들을 세고 무게를 달아보는 것 같았다. 그 사람들과 명절 때처럼 불을 밝힌 격납고, 딱딱한 콘크리트 바닥, 그리고 멀리 떨어진 분주한 도시와 그 여인들과의 열기를 자기가 얻었다는 생각을 했다. 자신의 넓적한 양손에 이 사람들을 자기 백성과도 같이 쥐고 있는 것이었다. 저들을 만질 수도, 목소리를 들을 수도, 욕할 수도 있었으니까. 그는 처음에는 저들이 아무 걱정 없이 살고, 달이나 구경하면서 무사태평하게 있다고 욕이나 해 줄까 하고 생각했지만 입에서 나온 것은 엉뚱한 말이었다.

"……. 한잔 사기나 하게!"

그러고는 비행기에서 내렸다.

그는 자신의 비행에 대해서 말하고 싶었다.

"오늘 비행은 정말이지……."

이만하면 다들 알아들었을 거라고 생각하고, 그는 가죽 비행복을 벗으러 갔다.

음울한 감독과 말수가 적은 리비에르와 그를 태운 자동차가 부에노스아이레스를 향해서 달릴 때 그는 서글퍼졌다. 일을 망치지 않고 해치우는 것이라든지, 땅에 내려서면서 힘있게 걸찍한 욕지거리를 해대는 것이 즐거운 일이기는 하다. 그것은 얼마나 힘찬 기쁨이냐 말이다. 그러나한편으로 지난 일을 떠올리면 무언인가에 대해서 의심이 나는 것이다.

태풍 속에서의 싸움, 그것은 실제로 있었던 일이고 사실인 것이다. 그렇지만 혼자만 있다고 생각할 때 지니는 얼굴은 그렇지 않다.

그는 생각했다.

'그건 꼭 혁명과도 같은 것이야. 얼굴들이 약간 창백해지기는 하지만 실제로는 몹시도 변하는 것이지.'

그는 생각해 내려고 애썼다.

그는 태평스럽게 안데스 산맥 위를 날고 있었다. 눈으로 덮인 그 곳은 평화로워 보였다. 마치 오랜 세월 아무도 살지 않은 오래된 성에 평화를 가져다 주듯이, 겨울눈은 그 어마어마한 덩어리 위에 평화를 깃들이게 했었다. 길이 2백 킬로미터나 되는 가운데에 사람 하나, 생명의 호흡 하나, 노력 하나 없었다. 오직 6천 미터 높이에서 스치며 지나다니는 깎아지른 듯한 산봉우리들과, 수직으로 떨어지는 암석의 외투, 그리고 기가 막힌 정적만이 있을 뿐이었다.

'투풍가토 봉 근처에서였다……'

그는 곰곰이 생각했다. 그렇다. 그가 어떤 기적을 겪은 곳은 바로 그 곳이었다.

그것은 기적이라고 할 만했다. 맨 처음에 그는 아무것도 보지 못하고 자기 혼자만 있다고 생각했다. 그런데 문득, 누군가가 자신을 보고 있을 때 느끼는 거북한 느낌이 들었다. 어떻게 되었는지도 알지 못한 채 분노하고 있다는 것을 알았다.

그것이 바위 틈과 눈에서 솟아나온다는 것을 그가 어떻게 짐작할 수 있었을까? 그를 향해 오는 것은 아무것도 보이지 않았고, 또 어떤 불길한 폭풍도 다가오지 않았으니 말이다. 그런데도 약간이지만 다를까말까한 세계가 당장에 다른 세계에서 생겨나고 있었다. 펠르랭은 자기도 모르게 가슴을 옥죄면서, 회색빛이 더 짙어 가는, 그 더럽혀지지 않은 산봉우리들, 산등성이들, 눈 덮인 산봉우리들이 한 떼의 군중 모양으로 웅성거리기 시작하는 것을 바라보았다.

싸워야 할 것이 없는데도 그는 손에 힘을 주고 핸들을 잡았다. 그가 이해하지 못하는 어떤 일이 일어나려고 했다. 뛰어오르려는 짐승처럼 그는 근육을 긴장시켰다. 하지만 그의 눈에 보이는 것은 모두 고요했다. 그렇다. 고요하기는 했다. 하지만 그것은 이상한 힘을 가지고 있는 고요함이었다.

그 밖에는 모두 날카로웠다. 산등성이, 산봉우리들 모두가 날카로웠다. 그것들이 뱃머리 모습을 한 채 세찬 바람을 뚫고 지나가는 것처럼 느껴졌다. 그런 다음 그 뱃머리들이 전투 위치에 배치되는 어마어마한 배들처럼, 그의 둘레를 여기저기 돌아다니는 것 같았다. 먼지가 공기에 섞여 돛 모양으로 눈을 스치면서 천천히 올라와 퍼졌다. 그는 어쩔 수 없이 퇴각하는 경우에 빠져 나갈 구멍을 찾으려고 돌아다녀 보다가 몸을 부들부들 떨었다. 안데스의 봉우리들이 뒤에서 부글부글 끓고 있었기 때문이었다.

"이젠 죽었구나!"

앞쪽에 있는 한 봉우리에서 눈이 솟아올랐다. 마치 눈을 뿜어내는 화산과도 같았다. 그리고 약간 오른쪽에 있는 다른 봉우리에서, 마침내 모든 산봉우리에서 어떤 보이지 않는 달음박질꾼과 부딪친 것처럼 차례로 불이 붙었다. 공기의 첫 동요와 함께 조종사의 주위에 있는 산이 흔들리기 시작한 것이 바로 그 때였다.

격심한 행동은 자취를 별로 남겨놓지 않는 법이어서, 그는 자기를 엄습했던 그 커다란 동요를 이제 기억할 수가 없었다. 다만 자기가 그 회색 불꽃 속에서 몸부림치며 미친 듯이 싸웠다는 것만 생각날 뿐이었다.

그는 곰곰이 생각해 보았다.

'태풍은 아무것도 아니야. 살아날 수 있다. 그러나 그 전에! 그것과 맞부딪치게 될 때에는 기가 막힌다!'

그는 수많은 모습 중에서 한 모습을 알아내는 것 같았으나, 그것마저 이미 잊어버렸다.

리비에르는 펠르랭을 들여다보고 있었다. 이 사람이 20분 후에 차에서 내리면, 나른하고 몸에 힘이 없다는 기분으로 군중 속에 들어가 섞일 것이다. 그는 아마

'아, 피곤해……. 더러운 직업이야!'

하고 생각할 것이다. 그리고 또 그의 아내에게는

'안데스 산 위보다는 여기가 낫지.'

하는 따위의 말을 할 것이다. 하지만 대부분의 사람들이 강한 애착을 보이는 것에 그는 마음이 사로잡히진 않았다. 바로 얼마 전에 그런것들이 얼마나 하찮은 것인지를 경험했으니까. 그는 몇 시간 동안 그 배경의 뒤쪽에서 살면서, 자기가 이 도시를 그 등불 속에서 볼 수 있을지 알지 못했다. 그뿐 아니라, 귀찮기는 해도 친밀감이 느껴지는 친구의 작은 약점까지도 다시 볼 수 있을지 알지 못했었다.

리비에르는 생각했다.

'어떤 무리 속에서든지 그 사람이라고 딱 꼬집어 낼 수는 없지만, 놀라운 사명을 갖고 있는 사람들이 있다. 그 사람들 자신도 그것을 모르고 있긴 하지만…….'

리비에르는 탄복자들을 싫어했다. 그들은 모험의 신성한 성격을 이해하지 못했다. 그들의 감탄은 모험의 뜻을 모독하고, 모험을 하는 사람들의 가치를 떨어뜨리기 때문이었다. 하지만 펠르랭은 어떤 광선 밑에서 본 세계가 어떤 값어치가 있는지를 누구보다도 잘 알고 있었다. 그리고 속된 칭찬을 아주 경멸하듯이 물리칠 수 있는 위대함을 지니고 있었다. 그래서 리비에르는

"어떻게 잘 해치웠나?"

하고 그를 칭찬했다. 펠르랭이 직업에 대한 이야기만 하고, 자기가 해치운 비행에 대해서 대장장이가 모루 이야기를 하듯 말하는 것 또한 좋아했다.

펠르랭은 우선 도망갈 길이 끊어졌더라고 설명했다. 그는 거의 변명이라도 하는 듯했다.

"그래서 저는 다른 방법이 없었습니다."

눈이 앞을 가로막는 바람에 아무것도 보이지 않았었다. 그렇지만 세찬 기류가 그를 7천 미터 높이까지 올려 주어서 구원받았다는 것이다.

"저는 산맥을 넘어 비행하는 중에 계속 산봉우리와 비슷한 높이로 날았었나 봅니다."

그는 또 눈이 자이로스코프의 통풍공을 틀어막으니까 위치를 조금 바꿔야 했다고도 했다.

"성에가 하얗게 낀단 말입니다."

조금 지나 나타난 다른 기류는 펠르랭을 3천 미터까지 곤두박질시켰다. 그는 왜 아직 아무 물건과도 충돌을 하지 않았는지 알 수가 없었다고 했다. 그 이유는 그가 이미 평야 위를 비행하고 있었기 때문일 것이다.

"나는 맑게 갠 하늘로 접어들면서 갑자기 그것을 깨달았어요."

그는 그 순간에는 마침내 움막에서 나오는 기분이었다고 설명했다.

"멘도사에도 폭풍설이었던가?"

"아니오. 바람 한 점 없이 무척 맑은 날씨 속에 착륙했어요. 하지만 폭풍이 내 뒤에 바짝 붙어서 따라오고 있었지요."

그는 '그래도 그것은 이상한 것'이었기 때문에 그 폭풍을 설명했다. 꼭대기는 아주 높게 눈구름 속에 잠겨 있고, 아래쪽은 검은 용암이 흐르듯 평야 위에 서리고 있는 것이었다. 도시들이 하나 둘 폭풍설에 잠겼다.

"저는 그런 것을 지금까지 보지 못했습니다……"

그리고 그는 무슨 생각에 잠겼는지 입을 열지 않았다.

리비에르는 감독을 돌아보았다.

"그건 태평양에서 불어오는 태풍이었지. 우리는 경보를 너무 늦게 받았었어. 하긴 그 태풍은 안데스 산맥을 넘어오는 일이 없긴 하지."

이번 태풍이 동쪽을 향해서 달려오리라는 것을 예측할 수는 없었던 것이다.

그 사실을 모르는 감독은 그저 고개만 끄덕이고 있었다.

감독은 망설이는 것 같더니 펠르랭 쪽으로 몸을 돌리고, 목줄띠를 놀렸다. 하지만 그는 입을 열지 않았다. 잠깐 생각하더니 자기 앞을 똑바로 내다보는 것으로 그 우울한 위엄을 회복했다.

감독은 짐을 가지고 다니듯이 이 우울을 지니고 다녔다. 그는 딱 꼬집어 말할 수 없는 일 때문에 리비에르의 부름을 받고, 그 전날 아르헨티나에 왔다. 그는 커다란 양손을 가졌고 감독으로서의 위엄이 있었다. 하지만 그에게는 공상이나 정열을 칭찬할 권리가 없었다. 다만 직책상 성실함을 칭찬했다. 그에게는 함께 술을 마실 권리도 없었고, 동료에게 반말을 할 권리도 없었고, 아주 우연히 같은 기항지 비행장에서 다른 감독하고 만나지 않는 한, 농담을 할 권리도 없었다.

'재판관 노릇이란 정말 힘든 일이구나.'

하고 그는 생각했다.

사실 그는 판단을 하는 것이 아니라, 머리를 끄덕이는 것이었다. 아무 것도 모르기 때문에 만나는 사람들 앞에서 머리만 끄덕였다. 그것은 사람들의 양심을 불안하게 만들고, 회사의 물자를 유지시키는 데 도움이 됐다. 감독이란, 사랑의 즐거움을 누리기 위해서 있는 것이 아니라, 보고서를 작성하기 위해서 태어났기 때문이다. 그는 리비에르에게서 다음과 같은 편지를 받은 뒤로는 그 보고에 무슨 새로운 제도나 기술상의 해결책을 제시하는 것을 단념했었다.

'로비노 감독은 우리에게 시가 아니라 보고서를 제출해 주기 바랍니다. 로비노 감독은 그 능력을 유효하게 발휘해서 직원들의 정신을 고무해야 합니다.'

그래서 그는 매일 먹는 빵에 파고들 듯이 사람들의 단점에 파고들었다. 술을 마시는 기계공에게, 밤을 새우는 비행장 주임에게, 착륙할 때 비행기를 덜커덩거리게 하는 조종사에게 덤벼들었다.

리비에르 자신이 그에 대해서 이런 말을 했다.

"그는 별로 똑똑하지 않다. 그래서 쓸모가 많은 사람이다."

리비에르가 만들어 놓은 규칙으로는 사람을 알아본다는 것이었다. 그러나 로비노에게는 규칙을 이해한다는 것밖에 아무것도 없었다.

어느 날, 리비에르가 로비노에게 말했다.

"로비노, 지각해서 늦게 출발하는 조종사에게는 정근 수당을 주지 말아야 한다."

"어쩔 수 없는 경우에도요? 안개가 끼었을 때도요?"

"안개가 끼었을 때라고 예외를 둘 수는 없다."

로비노는 이렇게 해서 불공평한 처사를 하는 것도 꺼리지 않을 만큼 당당한 상사를 가진 것을 하나의 자랑으로 여겼다. 로비노 자신도 이토록 무례한 권한에서 어떤 위엄을 부릴 수 있었다.

그 다음, 그는 비행장 주임들에게 늘 이런 말을 했다.

"6시 15분에 출발시켰으니 당신에게는 수당을 줄 수 없다."

"하지만 로비노 씨, 5시 반에는 10미터 앞도 내다볼 수 없었어요!"

"규칙은 규칙이다."

"하지만 우리가 안개를 쓸어버릴 수는 없지 않겠어요?"

그러면 로비노는 신비 속으로 숨어 들어가는 것이었다. 그는 회사의 지도급 인물이었다. 팽이 같은 이 사람들 속에서 오직 그만이 직원들을 벌줌으로써 어떻게 날씨를 개선해 나갈 수 있는지 알고 있었다.

"그 사람은 아무것도 생각하지 않아. 그러니까 잘못 생각하는 일도 없지."

하고 리비에르가 말했다.

조종사가 기체를 파손시키면 보전수당을 잃게 되어 있었다.

"그렇지만 수풀 위에서 고장이 일어났을 때는요?"

하고 로비노가 물었다.

"수풀 위에서 일어났을 때에도!"

로비노는 시키는 대로 했다.

그 후, 그는 무척 기분 좋은 말투로 말했다.

"미안하지만, 아주 미안하지만 말이다. 다른 곳에서 고장을 일으켰어야 했다."

"아니, 로비노 씨. 그걸 어떻게 마음대로 하겠습니까?"

"규칙이 그러니까."

리비에르는 생각했다.

'규칙이라는 것은 종교의식과 비슷한데, 그것은 조리 없는 것처럼 보이지만, 인간을 성숙하게 하는 것이다.'

리비에르에게 있어서 공평하게 보이거나 불공평하게 보이거나 하는 것은 상관없었다. 어쩌면 그에게 이런 말들은 아무 의미가 없을지도 모른다.

작은 도시의 시민들이 음악당 부근을 걷고 있는데, 리비에르는 이런 생각을 했다.

'이 사람들에 대해서 공평하다든가 불공평하다든가 하는 것은 의미 없는 일이야. 그들은 존재하지 않는 것이니까.'

그에게 있어서 사람은 반죽을 해서 만들어야 할 날밀초였다. 이 날밀초에 영혼을 불어넣고, 의지를 창조해 주어야 하는 것이다. 그는 이렇게 엄격히 그들을 억압할 생각은 없었다. 다만 그들을 그들 자신에게서 벗어나게 하려는 것이었다. 그가 어떤 일에 대해서 벌하는 것은 불공평한 일이기는 했다. 하지만 각 비행장의 의지를 출발 쪽으로 집중시켰다. 그는 이러한 의지를 창조하는 것이다. 부하 직원들이 날씨가 좋지 않은 것을 휴가라도 받은 것처럼 좋아하지 못하게 했다. 그들에게 날씨가 좋아지기를 조바심치며 기다리게 만들었고, 그래서 아주 형편없는 일꾼까지도 기다리는 데 대해 은근히 겸손해했다. 그리하여 갑옷이라도 두른 것 같은 안개 속에 조금이라도 틈이 보이면 이를 이용했던 것이다.

"북쪽에 안개가 걷혔다. 출발!"

리비에르 덕분에 1만5천 킬로미터에 걸쳐 우편기를 원하는 마음이 모든 것을 초월하게 만들었던 것이다.

리비에르는 가끔 이런 말을 했다.

"저 사람들은 자기들의 일을 사랑하니까 행복해. 그리고 저 사람들이 그 일을 사랑할 수 있는 것은 내가 엄격하기 때문이야."

그는 어쩌면 아랫사람들을 괴롭힐지도 모른다. 그러나 때로는 그들에게 벅찬 기쁨을 마련해 주기도 한다.

'괴로움도 기쁨도 모두 끌고 가는 강한 생활을 향해서 저 사람들을 밀어 주어야 한다. 그런 생활만이 값어치가 있는 것이니까!'

하고 그는 생각했다.

자동차가 시내로 접어들자, 리비에르는 회사 사무실로 데려다 달라고 했다. 펠르랭과 둘이서 차에 남아 있던 로비노가 조종사에게 무슨 말인가를 하려고 쳐다보았다.

그날 저녁, 로비노는 풀이 죽어 있었다. 그는 승리자 펠르랭 앞에서 자신의 삶이 초라하다는 것을 발견했던 것이다. 그가 깨달은 것은 로비노라는 자기 자신이 감독이라는 직책에 맞는 권력을 가졌음에도 불구하고, 몸은 지칠 대로 지쳐서 눈은 감기고, 시커멓게 기름을 묻힌 손을 하고, 차 한구석에 웅크리고 있는 이 사람보다 더 가치가 없다는 사실이었다. 로비노는 처음으로 감탄하는 마음이 생겼다. 그는 그것을 말로 나타내고 싶었다. 무엇보다도 이 사람의 우정을 차지하고 싶어졌다. 그는 여기까지 온 여행과 또 그 날의 실패 때문에 풀이 죽어 있었다. 또 어쩌면 그는 자신이 우습게 생각됐는지도 모른다.

오늘 저녁, 그는 휘발유 재고량을 조사하다가 계산을 잘못했다. 잘못을 찾아내라고 했던 바로 그 직원이 불쌍히 여겼는지 계산을 끝내 주었다. 그런데 그것은 그의 잘못이었다. B6호형 오일 펌프를 맞춘 것을 B4호형 오일 펌프로 잘못 알고서 나무랐던 것이다. 약아빠진 기계공들이 '도저히 용서받을 수 없는 무식'이라며 그를 27분 동안이나 마구 비판하도록 가만히 내버려두었다.

그는 또 자기의 호텔방이 무서워졌다.

툴루즈에서부터 부에노스아이레스까지 가는 동안, 일을 마친 후 로비노는 어김없이 호텔방을 찾았다. 그는 마음속에 무거운 짐을 지닌 채, 트렁크에서 종이 한 다발을 꺼냈다. 보고서를 쓰겠다며 서너 줄 썼지만 곧 찢어 버리곤 했다.

그는 회사를 큰 위험에서 구해내고 싶었다. 하지만 회사가 위험에 빠진 적은 없었다. 지금까지 구해낸 것이라고는 녹슨 프로펠러 보스 하나밖에 없었다. 그 때 그는 몹시 험상궂은 얼굴로 어느 비행장 주임 앞에서 녹슨 프로펠러 보스를 손가락으로 가리켰다. 그런데 그 주임은 이렇게 말했다.

"그런 문제라면 저기에 있는 비행장에 가서 말씀하세요. 이 비행기는 거기에서 왔으니까요."

이 말을 들은 후, 로비노는 자신의 역할이 무엇인지 의심이 들 지경이었다.

그는 펠르랭에게 다가가려고 한 마디 해 보았다.

"오늘 저녁에 나와 함께 식사를 하겠소? 같이 이야기를 나누고 싶소. 감독이라는 내 직업이 어떤 때에는 너무 견디기 어려워서……."

그러고는 자신을 낮추지 않을 작정으로 덧붙여 말했다.

"내 책임이 워낙 중요해서!"

그의 하급 직원들은 로비노가 자신들의 사생활에 끼어드는 것을 좋아하지 않았다. 그들은 각자 이런 생각을 했다.

'그가 아직 보고할 건더기를 발견하지 못했다면, 아마 허기가 져서 나를 잡아먹을 거야!'

그러나 이날 밤, 로비노의 마음속에는 자신의 비참한 처지 외에는 아무것도 없었다. 그의 유일한 비밀은 골치 아픈 습진으로 고생을 하고 있다는 것이다. 그는 동정을 받고 싶었지만 오만한 가운데에서는 동정을 받을 수 없으므로 겸손하게 동정받는 방법을 찾아보려고 했다. 그의 애인은 프랑스에 있었는데, 출장여행에서 돌아온 날 밤에 감찰 이야기를 하면서 그녀의 마음을 빼앗아, 자신을 사랑하도록 하고 싶었다. 하지만 그녀는 그를 싫어했다. 그는 그녀의 이야기도 하고 싶었다.

"그럼 함께 식사할까요?"

펠르랭은 기분 좋게 허락했다.

리비에르가 부에노스아이레스의 사무실에 들어왔을 때, 직원들은 꾸벅꾸벅 졸고 있었다. 그는 외투도, 모자도 벗지 않았다. 그래서 손님처럼 보였다. 그의 작은 키는 공기를 아주 조금밖에는 움직이지 않았고, 반백의 머리카락과 평범한 옷은 모든 배경과 너무나 잘 어울려서, 그는 사람들의 눈에 거의 띄지 않고 출입할 수 있었다. 그런데도 어떤 직원들은 갑자기 열을 내기 시작했다. 사무원들은 놀랐고, 계장은 급히 남은 서류를 조사하고, 타이프라이터는 손가락을 움직이기 시작했다.

전화 교환수는 교환대에 접속선을 꽂고 두꺼운 장부에 전보를 적어 넣었다.

리비에르는 자리에 앉아 전보를 읽었다.

칠레 선 비행기의 시련을 겪은 후, 그는 행복한 하루하루를 보내고 있었다. 일들은 저절로 순조롭게 되어서, 비행기가 지나간 비행장에서 차례차례 보내 주는 전보가 승리에 대한 보고라고 느껴지는 날들이었다.

파타고니아 선 비행기도 진행이 빨랐다. 바람이 남에서 북으로 불어서 비행에 유리한 큰 물결을 만들어 주기 때문이었다.

"기상 통보를 이리 주게."

각 비행장은 화창한 날씨와 맑게 갠 하늘과 잔잔한 바람을 자랑하고 있었다. 황금빛이 아메리카의 저녁을 물들이고 있었다.

리비에르는 모든 일들에 그렇게 열심인 것이 기뻤다. 지금 저 우편기는 어디에선가 밤의 모험을 하고 있지만, 아주 좋은 상태에서 싸우고 있을 것이다.

리비에르는 장부를 밀어 놓았다.

"좋아!"

그리고 그는 세계의 반쪽을 지키는 야경꾼으로서, 일하는 것을 둘러보기 위해서 밖으로 나갔다.

그는 열린 창문 앞에서 걸음을 멈추고, 밤을 이해하려고 했다. 밤은 부에노스아이레스를 둘러싸고 있었다. 그리고 넓디넓은 성당의 신자석처럼 아메리카를 안고 있기도 했다. 그는 이 위대한 감각을 이상하게 여기지는 않았다. 칠레 산티아고의 하늘은 외국의 하늘이다. 그러나 우편기가 칠레의 산티아고를 향해 떠나기만 하면, 이 항공로의 끝에서 끝까지, 거기에 사는 사람들은 한지붕 밑에서 지내게 되는 것이다. 지금 무전기의 수화기로 그 목소리를 붙잡으려고 대기하고 있는 다른 우편기 한 대로 말하더라도, 파타고니아의 어부들은 그 현등이 반짝이는 것을 볼 수 있을 것이다. 날고 있는 비행기에 대한 걱정이 리비에르를 내리누를 때, 또한 요란한 엔진 소리로 여러 도시와 지방들을 내리누를 것이다.

활짝 갠 밤하늘의 행복함을 느끼며, 리비에르는 질서가 문란했던 밤을 떠올렸다. 비행기가 위험하게도 깊게 빠져 들어 구조하기 힘들 것 같이 생각되던 밤이었다. 부에노스아이레스의 무전국에서는 비행기의 호소에 귀를 기울였다. 그 호소는 천둥 소리의 잡음에 섞여서 들려오고 있었다. 이 캄캄절벽인 모암 아래에서는 금처럼 아름다운 음파는 들리지 않았다. 밤의 장애물들을 향해 무턱대고 쏘는 화살처럼 달려들고 있는 우편기의 노래 속에는 얼마나 애절한 감정이 들어 있었던가!

리비에르는 밤샘을 하는 날 밤에 감독이 있을 자리는 사무실이라고 생각했다.

"로비노를 찾아오게."

로비노는 지금 한 조종사를 친구 삼으려고 하는 중이었다. 그는 호텔에서 조종사에게 트렁크 안을 보여 주었었다. 그 안에서는 감독을 보통 남자와 비슷하게 만드는 물건들이 나왔다. 야한 셔츠, 화장 도구, 그리고 말라빠진 여자 사진 한 장. 감독은 이 사진을 벽에 붙였다. 그는 자신의 소원, 애정과 후회에 대해서 펠르랭에게 겸손하게 고백을 하고 있었다.

그는 조종사 앞에서 자신의 보물들을 초라한 순서대로 늘어놓으면서, 비참함을 보이고 있는 것이었다. 그것은 정신적 습진이었다. 자신의 감옥을 보여 주는 것과 다름이 없었다.

하지만 로비노에게도 다른 사람과 마찬가지로 작은 기쁨이 하나 있었다. 그는 트렁크 밑에서 소중하게 싼 작은 주머니 하나를 꺼내며 큰 기쁨을 느꼈다. 아무 말 없이 오랫동안 그것을 만지작거렸다. 그리고 마침내 손을 펴고 말했다.

"이것은 사하라에서 가져온 겁니다……."

감독은 이런 속사정을 이야기하는 것이 부끄러웠다. 그는 신비의 세계로 이끌어 주는 그 거무스름한 조약돌에 의해 그의 회한과 불행했던 결혼 생활, 그 모든 잿빛의 현실에서 위로받아 온 것이다.

그는 얼굴을 붉히며,

"브라질에도 이런 돌이 있지요."

라고 말했다.

펠르랭은 아득한 공상의 세계를 헤매는 감독의 어깨를 토닥거렸다.

펠르랭은 또 감독이 어색해하지 않게 하려고 물었다.

"지질학을 좋아하세요?"

"그것은 내 즐거움이지요."

그에게는 오직 돌들만이 삶에 아늑함을 주었던 것이다.

로비노는 사람이 부르러 왔을 때 서글픈 생각이 들었지만, 곧 위엄을 되찾았다.

"리비에르 씨가 중대한 결정을 하기 위해서 나와 의논을 하겠다니, 가봐야겠군요."

하지만 로비노가 사무실에 갔을 때, 리비에르는 감독 생각은 새까맣게 잊고 있었다. 그는 회사의 항공망이 붉은 줄로 그어져 있는 벽의 지도 앞에서 명상에 잠겨 있었다. 감독은 리비에르의 명령을 기다렸다. 한참 후, 리비에르는 머리도 돌리지 않은 채 감독에게 물었다.

"로비노, 이 지도를 어떻게 생각하오?"

공상에서 깨어날 때, 리비에르는 가끔씩 이렇게 수수께끼를 던지곤 했다.

"이 지도요, 지배인님⋯⋯."

사실, 감독은 그 지도에 대해서 아무 생각이 없었다. 다만 무뚝뚝한 표정으로 지도를 자세히 들여다보며, 유럽과 아메리카를 대충 관찰하고 있었다. 리비에르는 명상을 계속하며 자신의 생각은 감독에게 말하지 않았다.

'이 항공망은 아름답지만 가혹하다. 그것은 우리에게서 많은 생명, 많은 젊은이들을 빼앗아 갔다. 지도는 이미 이루어진 일들이 지니고 있는 위엄을 뽐내며 이 자리를 지키고 있지만, 또 얼마나 많은 문제

를 제기했던가?'

그러나 로비노에게 있어서는 목적이 모든 것을 앞서고 있었다.

로비노는 그의 옆에 서서 앞에 있는 지도를 들여다보다가, 점차 몸을 젖혔다. 그는 리비에르에게는 아무 연민도 바라지 않았다.

언젠가 리비에르에게 자신이 우스운 병 때문에 일생을 망쳤다는 것을 고백한 적이 있었다. 하지만 리비에르는 퉁명스럽게 말했다.

"잠을 자지 못한다면, 활동하는 데에 도움이 되긴 하겠군요."

그것은 반농담에 지나지 않았다. 리비에르는 늘 이렇게 말을 하곤 했다.

"불면증이 어떤 음악가에게 음악을 창작하게 한다면, 그것은 훌륭한 불면증이오."

어느 날, 리비에르는 르루를 가리키며 말했다.

"저것 좀 봐요, 사랑을 달아나게 하는 저 추한 모습이 얼마나 아름다운지……."

르루가 가진 위대함은, 어쩌면 그의 일생을 오직 그 작업에 바치게 만든 그 추한 모습 덕분이었는지도 모른다.

"당신은 펠르랭하고 많이 친한가요?"

"그……."

"그것을 나무라는 건 아니오."

리비에르는 뒤로 돌아서서 고개를 숙이고 천천히 걸었다. 로비노도 그의 뒤를 따라다녔다. 리비에르의 입가에 쓸쓸한 미소가 엿보였지만, 그것이 무엇 때문인지는 알 수 없었다.

"다만……. 다만, 나는 당신의 상사란 말이오."

"네."

하고 로비노가 대답했다.

리비에르는 매일 밤 하늘에서 일어나는 일들이 이렇게 연극의 줄거리처럼 엮어지는 것이라고 생각했다. 마음이 해이해지는 것이 패배의 원인이 될 수도 있었고, 또 날이 새기까지 많은 투쟁을 하지 않으면 안 될지도 모르는 일이었다.

"당신은 당신의 역할에 충실해야 하오……."

리비에르는 한 마디 한 마디 할 때마다 충분히 생각했다.

"내일 밤, 당신은 그 조종사에게 위험한 출발을 하라고 명령해야 할지도 모르오. 그러면 그 조종사는 당신의 명령에 복종해야 할 거요."

"네……."

하고 로비노는 대답했다.

"당신은 많은 사람들의 생명을 책임지고 있소. 그들은 당신보다 값어치가 있는 생명이란 말이오."

그는 망설이다가 이렇게 말했다.

"이건 아주 중요한 일이오."

리비에르는 여전히 왔다갔다하면서 잠시 말을 끊었다.

"만일 저들이 우정 때문에 당신에게 복종한다면, 당신은 그들을 속이는 것이오. 당신은 개인적으로는 희생을 요구할 권리가 없소."

"그건 그렇지요."

"그리고 그들이 당신의 그 우정 때문에 어떤 고역을 면하리라고 생각할 수도 있소. 거기에 좀 앉지."

리비에르는 손으로 살짝 로비노를 자기 책상 쪽으로 밀었다.

"로비노, 나는 당신을 당신의 위치로 돌려놓겠소. 당신이 피로하더라도, 그들에게는 당신을 도와줄 의무가 없소. 당신은 상사니까, 당신의 약한 마음은 우습단 말이오. 자, 쓰시오."

"나는……."

"어서 써요. '로비노 감독은 이런 이유로 펠르랭 조종사에게 이러저러한 벌을 내림…….'이라고. 이유는 아무거나 당신이 생각나는 대로 쓰시오."

"지배인님!"

"내가 말하는 걸 이해했으면 그렇게 하시오. 로비노, 당신이 지휘하는 사람들을 사랑하시오. 하지만 그들이 알지 못하게 사랑하시오."

로비노는 다시 열을 내서, 프로펠러 보스를 닦게 할 것이다.

어떤 비상 착륙장에서 보고가 왔다.

'비행기가 보임. 비행기에서 다음과 같은 통보가 있었음. 엔진 회전 고르지 못함. 착륙하겠음.'

아마 30분을 허비할 것이다. 리비에르는 특급 열차가 선로 위에 멈추어 섰을 경우, 1분 1분의 경과가 들판으로부터 아무런 보상도 가져다 주지 않게 되었을 때의 안타까움을 느꼈다. 괘종시계의 분침이 지금은 죽은 공간을 가리키고 있었다. 이 컴퍼스의 벌어진 간격 속에 얼마나 많은 일이 있을지 모르는 일인데.

리비에르는 기다리는 시간이 지루해 밖으로 나왔다. 밤이 마치 배우가 없는 무대처럼 텅 빈 것 같았다.

"이런 훌륭한 밤을 그냥 보내다니!"

리비에르는 별이 총총 박혀 있는 탁 트인 그 하늘과 금화 같은 달과, 고고한 항공 표지 등을 창문으로 내다보았다.

비행기가 이륙하자, 그날 밤은 리비에르에게 있어서 더욱더 아름답고 감명 깊은 것이 되었다.

밤은 그 태중에 생명을 잉태하고 있었다. 리비에르는 그 생명을 보살피고 있었다.

"날씨가 어떤가?"

하고, 승무원들에게 무전으로 묻게 했다.

10초가 지난 후,

"맑음."

이라고 대답이 왔다.

잠시 후, 비행기가 통과한 몇몇 도시의 이름이 들려왔다. 그 도시가 이 싸움에서 공략된 도시처럼 생각되는 것이었다.

한 시간 후, 파타고니아 노선 우편기의 무전사는 어깨에 올라앉은 것처럼 몸이 들리는 것을 느꼈다. 주위를 둘러보았다. 무거운 구름이 별들을 가리고 있었다. 그는 땅을 내려다보았다. 풀숲에 숨은 반딧불과 같은 마을의 등불을 찾아보았지만, 시커먼 풀숲에서는 아무것도 반짝이지 않았다.

만만치 않은 밤을 보내야 할 것을 생각하니, 그는 기분이 우울해졌다. 마치 전진했다가 후퇴해서 정복했던 땅을 내어주어야 하는 듯한 밤이 될 것 같았다. 그는 조종사의 전략을 이해하지 못했다. 조금 더 가면 벽에 부딪히듯, 기체가 벽과 같은 어둠에 부딪칠 거라고 생각했다.

지금, 그는 빛이 희미하게 아른거리는 것을 보았다. 그 빛은 그들 앞에 있는 지평선과 나란히 있었는데, 마치 대장간의 불빛과도 같았다.

무전사가 파비앵의 어깨를 건드렸다. 하지만 파비앵은 꼼짝도 하지 않았다.

멀리서 다가오는 뇌우의 최초의 바람이 비행기를 향해 몰아쳤다. 금속으로 된 기체가 조금씩 들리며 무전사의 몸을 지그시 누르더니, 다음에는 녹아서 사라지는 것 같았다. 몇 초 동안 밤 속에 혼자 떠 있는 것 같은 느낌이 든 그는 강철 종재를 꽉 붙잡았다.

이제 조종석에 있는 붉은 램프 외에는 아무것도 보이지 않았다. 그는 오직 광부의 안전등 하나만으로 보호를 받으며, 아무 도움도 없이 밤 한가운데로 내려간다는 생각이 들어 몸이 부들부들 떨렸다. 조종사에게는 어떻게 할지 물어보지도 못하고, 두 손으로 강철 종재를 틀어쥔 채, 몸을 그 편으로 구부리고, 말없는 조종사의 목덜미만을 바라보고 있었다.

　희미한 빛 속에서 꼼짝도 하지 않는 머리와 양어깨만이 우뚝 솟아 있었다. 약간 왼쪽으로 기울어져 있는 몸은 얼굴과 뇌우가 맞겨누고 있는 시커먼 덩어리에 지나지 않았다. 그 얼굴은 아마도 번개가 칠 때마다 번쩍거리고 있을 것이다. 그러나 무전사에게는 그 모습이 조금도 보이지 않았다. 폭풍우를 무릅쓰고 달려들려는 그 얼굴에 나타나는 모든 감정, 굳게 다문 입, 그 의지, 그 격노, 그 창백한 얼굴, 그리고 저 멀리에 보이는 짧은 번갯불 사이에 교환되는 모든 중요한 것은 무전사가 꿰뚫어 볼 수 없는 것들이었다.
　그렇지만 그도 이 움직이지 않는 그림자 속에 뭉쳐진 정력은 짐작할 수 있었다. 그는 이 그림자를 사랑했다. 그 힘이 그를 폭풍우 쪽으로 끌고 가는 것임에 틀림없었다. 그러나 그것은 그를 뒤덮기도 했다. 핸들을 꽉 붙들고 있는 그 손들이 짐승의 목덜미를 누르듯이 벌써 폭풍우를 내리누르고는 있겠지만, 힘이 잔뜩 들어 있는 어깨는 꼼짝도 않고 있었다. 때문에 근심이 깊었다.
　요컨대 책임은 조종사가 지는 것이라고 무전사는 생각했다. 그리고 지금은 화재가 난 곳에서 달리는 말의 엉덩이에 덧붙으로 타고 앉아, 자기 앞에 있는 그 검은 형체가 나타내는 물질적이고 묵직한 것, 그것이 표현하는 영속적인 것을 음미하고 있었다.
　왼쪽에서 켜졌다 꺼졌다 하는 등대와 같이 희미하게 또 하나의 번갯

불이 번쩍였다.

무전사가 파비앵에게 그것을 알리려고 손을 들어 어깨를 건드리려고 했다. 파비앵은 천천히 머리를 돌려 몇 초 동안 이 새로운 적과 얼굴을 마주했다가, 다시 본래 위치로 돌렸다. 그 어깨는 여전히 꼼짝 하지 않았고, 목덜미는 여전히 의자의 가죽에 기대어 있었다.

리비에르는 좀 거닐면서 다시 일어나기 시작한 불안을 잊어 보려고 밖으로 나왔다. 그러니까 행동, 곧 극적인 행동을 위해서만 살아가던 그에게 이상하게도 연극이 자리를 바꾸어 개인적인 것이 되어 가는 것처럼 느껴졌다. 작은 도시의 소시민들은 그들의 음악당 둘레에서 볼 때에는 평온한 생활을 하는 것 같지만, 그 안을 들여다보면 병이다, 사랑이다, 초상이다 하는 따위의 여러 가지 비극이 가득 찬 생활을 하고 있으리라고 그는 생각했다. 그래서 어쩌면 자기의 불안이 그 자신에게 많은 것을 가르쳐 주었을지도 모른다. 이렇게 해서 보는 눈이 트이는 것이라고 그는 생각했다.

밤 11시쯤 되자, 그는 조금은 가벼워진 마음으로 사무실 쪽으로 돌아왔다. 그는 영화관 앞에 모여 있는 사람들을 어깨로 가만히 밀치며 걸었다. 그는 좁은 길 위에 쏟아지는 광고등 때문에 거의 빛을 잃은 별들을 보며 생각했다.

'오늘 밤 내 비행기가 두 대나 날고 있으니까, 나는 하늘 전체에 책임이 있다. 저 별은 이 사람들 속에서 나를 찾고 있는, 또 찾아내는 신호이다. 그래서 나는 사람들과 어울리지 않고, 좀 고독한 느낌을 가지게 되는 것이다.'

그의 머릿속에 어떤 음악의 구절이 떠올랐다. 그것은 어제 저녁 친구들과 함께 들었던 어떤 소나타의 몇 소절이었다. 그의 친구들은 이 음

악을 이해하지 못하고,

"이 예술에 우리도 싫증이 나고, 당신도 싫증이 났지만, 당신은 그것
을 고백하지 않을 뿐이오."
하고 말했다.

그는 대답했다.

"그럴지도 모르지……."

오늘처럼 그 때도 그는 고독하다는 것을 느꼈다. 그러나 곧, 이런 고
독이 얼마나 값진 것인지를 깨달았다. 그 음악의 전언은 자기에게, 평범
한 사람들 중에서 오직 자신에게만 어떤 아늑한 비밀을 속삭여 주었던
것이다. 별의 신호도 마찬가지였다. 그것은 그렇게도 많은 어깨들 너머
로 자기만 알아들을 수 있는 말을 해 주었던 것이다.

길에서 누가 그를 떠밀었다. 그는 또 생각했다.

'화를 내지 않겠다. 나는 사람들 사이를 걸어가는 병든 아이의 아버
지와 비슷하다. 병든 아이의 아버지는 자기 안에서 집안의 침묵을 지
니고 있는 것이다.'

그는 사람들을 바라보았다. 그는 그들 속에서 발명이나 사랑을 간직
하고 종종걸음을 치는 그들을 알아보려고 했다. 그리고 등대지기들의
고독한 생활을 생각해 보았다.

사무실의 조용함이 그는 좋았다. 그는 이 방 저 방을 차례로 천천히
가로질러 갔다. 조용한 가운데 그의 발소리만이 울렸다. 타이프라이터
들은 덮개를 쓰고 자고 있었다. 잘 정돈된 서류를 넣어 둔 책장은 굳게
잠겨 있었다. 10년 동안의 경험과 노력……. 그는 많은 돈이 들어 있는
은행 지하실을 둘러보는 것 같은 생각이 들었다. 그는 장부 하나하나가
금화보다도 더 나은 것, 즉 살아 있는 힘을 쌓아올리는 것같이 생각되

었다. 살아 있기는 하지만 은행의 금화처럼 자고 있는 힘이었다.

어디선가 그는 한 사람의 야간 당직자를 만나게 될 것이다. 생명이 끊어지지 않도록, 의지가 계속될 수 있도록, 그리하여 이 비행장에서 저 비행장으로 툴루즈에서 부에노스아이레스까지 잇닿은 사슬이 끊어지지 않도록, 어디선가 한 사람이 일하고 있을 것이다.

'그 사람은 자기가 위대하다는 것을 알지 못할 거야.'

어디에선가 우편기들이 싸우고 있을 것이며, 야간 비행이 병과 같이 계속되고 있으니, 보살펴 주어야만 한다. 가슴과 가슴을 맞대고 어울려서 손과 무릎으로 어둠과 맞서고 있는 저 사람들, 눈에 보이지는 않지만 자꾸만 움직이는 물건, 마치 바다에서 기어 나오듯 맹목적인 팔 힘 하나로 거기에서 빠져 나와야 하는 저 사람들을 도와주어야만 한다. 어떤 때에는 얼마나 무서운 고백을 듣게 될 것인가?

'나는 내 손이라도 보려고 불빛에 비춰 보았소……'

사진사의 그 붉은 현상액 속에는 오직 보송보송한 손등의 솜털만이 나타나 보였다. 이 세상에서 아직 남아 있는 것, 구해야 할 것은 오직 그것뿐이었다.

리비에르는 영업부 사무실의 문을 열고 들어섰다. 하나밖에 켜 있지 않은 전등이 한구석에 밝은 점을 만들어 놓았다. 타이프라이터 한 대가 내는 소리는 그 침묵을 방해하지 않고 오히려 그것에 어떤 의미를 더해 주었다. 가끔 전화 벨이 울렸다. 그러면 숙직하는 사무원은 일어나서 고집스럽게 울리는, 그 슬픈 소리를 향해서 발걸음을 옮겼다. 숙직 사무원이 수화기를 집어들면, 보이지 않는 고민은 가라앉았다. 그것은 어둠침침한 구석에서 이루어지는 하나의 조용한 대화였다. 그리고 나서 사무원은 담담하게 다시 자리로 돌아왔다. 풀 수 없는 비밀을 간직한 그의 얼굴은 고독과 졸음에 싸여 있었다.

우편기 두 대가 비행 중일 때, 바깥의 밤에서 부르는 소리는 얼마만큼의 위협을 가져오는 것일까? 리비에르는 깊은 밤 램프 아래에 모여 있는 가족들을 놀라게 하는 전보를, 그리고 거의 영원이라고 생각될 만한 몇 초 동안 아버지의 얼굴 속에 비밀스럽게 간직되어 있는 불행을 생각해 보았다. 처음에는 부르는 소리라고 생각될 수 없을 만큼 고요하고 힘없는 전파였지만, 매번 그 조용조용한 울림 속에서 자신의 연약한 메아리를 듣곤 했다. 그럴 때마다 마치 호수의 양안을 왔다갔다 수영하는 사람이 적막 때문에 느릿한 동작으로 물 위로 솟아오르는 것처럼, 한 사무원이 그늘에서 램프 쪽으로 되돌아왔는데, 그의 움직임은 많은 비밀을 간직하고 있는 듯이 보였다.

"가만있게, 내가 받을게."

리비에르는 수화기를 들고, 웅웅거리는 바깥 세상의 소리를 들었다.

"여긴 리비에르요."

작은 소음이 들리더니, 곧 사람의 목소리가 들려왔다.

"무전국을 대 드리겠습니다."

다시 소음이 들렸다. 그것은 교환대에 접속선을 끼우는 소리였다. 잠시 후, 다른 사람의 목소리가 새어나왔다.

"여기는 무전국입니다. 전보를 알려드리겠습니다."

리비에르는 머리를 끄덕이며 그것을 받아 썼다.

"네……. 네……."

별일은 없었다. 사무에 관한 정규적인 통신이었다.

리우데자네이루에서는 조회를 하는 것이었고, 몬테비데오에서는 날씨 이야기를 하는 것이었으며, 멘도사에서는 재료 이야기를 하는 것이었다. 그것은 회사의 익숙한 이야기들이었다.

"우편기들은 어떻소?"

"천둥 소리 때문에 비행기의 통신은 들리지 않습니다."

"알겠소."

여기는 맑게 갠 하늘에 별들이 반짝거리고 있는데, 무전사들은 밤 속에서 저 멀리 있는 비와 천둥의 입김을 발견하고 있는 것이라고 리비에르는 생각했다.

"그럼 또 봅시다."

리비에르가 일어서려니까, 사무원이 그에게 다가왔다.

"여기, 영업 서류에 서명을 해 주셨으면……."

"좋아."

리비에르는 그 밤의 무거운 짐을 한몫 나누어서 지고 있는 이 사람에게 깊은 우정을 느꼈다.

리비에르는 이렇게 생각했다.

'전우의 한 사람이다. 아마 그는 오늘 밤을 함께 지새는 것이 얼마나 우리를 결합시키는지 알지 못할 것이다.'

서류 한 묶음을 들고 자기 책상으로 가려던 리비에르는 오른쪽 옆구리에 심한 통증을 느꼈다. 몇 주일째 그를 괴롭히는 통증이었다.

'이거 정말 재미 없는걸…….'

그는 잠시 벽에 기댔다.

'이게 무슨 꼴이람?'

그리고 안락의자로 가서 앉았다.

그는 다시 한 번 자기가 늙은 사자가 된 것 같았다. 그 사실이 뼈에 사무치도록 슬퍼졌다.

'내가 이런 꼴이 되려고 그렇게 일을 했단 말인가? 내가 지금 쉰 살이니, 50년 동안 나는 쉬지 않고 일을 하고, 끊임없이 몸과 마음을 닦고, 싸우고, 여러 가지 일의 방향을 바꾸곤 했어. 그런데 이제 와서 이 따위 통증 때문에 마음을 쓰고, 머리가 복잡해지고, 더군다나 이것이 세상에서 제일 중요한 일인 것처럼 생각되다니……. 정말 이게 무슨 꼴이란 말인가?'

그는 땀을 닦으며 잠시 기다렸다. 얼마 후, 통증이 가라앉았을 때 일을 시작했다.

그는 천천히 서류를 조사했다.

'부에노스아이레스에서 301호 엔진을 분해할 때 발견한 바에 의하면……. 그러므로 책임자에게 중벌을 가할 것임.'

그는 거기에 서명했다.

'플로리아노폴리스 비행장은 명령에 따르지 않았으므로…….'

그는 서명했다.

'규율상 징계처분에 따라 본 회사는 비행장 주임 리샤르를 전근시킬 것임. 그는…….'

그는 서명했다.

곧 가라앉기는 했지만 인생의 무슨 새로운 의의처럼 새삼스럽게 주의를 끄는 그의 옆구리 통증은 자기 자신을 생각하지 않을 수 없게 했으므로, 그는 꽤 까다로운 심정이 되었다.

'나는 공평한가, 불공평한가? 모르겠다. 다만 내가 벌을 주면, 사고가 줄어든단 말이야. 책임이란 인간에게 있는 것이 아니다. 그건 모든 사람을 벌하지 않고서는 영원히 벌할 수 없는 성질이 나쁜 힘과 같은 것이다. 만약에 내가 아주 공평하게 한다면, 야간 비행은 매번 치명적인 모험이 되고 말 것이다.'

이 길을 그렇게도 엄하게 개척했다고 생각하니, 마음이 서글퍼졌다.

그는 동정심이란 좋은 것이라고 생각했다. 이런저런 몽상에 잠긴 채, 그는 여전히 서류를 뒤적거렸다.

'……. 로블레 씨는 오늘부터 우리 사원이 아님.'

그의 머릿속에 이 늙은이의 모습과 오늘 저녁 그와 주고받은 이야기가 떠올랐다.

"본보기요, 본보기. 어떡하겠습니까?"

"그렇지만 지배인님……. 지배인님……. 한 번뿐, 꼭 한 번뿐입니다. 생각해 보십시오! 저는 평생을 일해 왔답니다!"

"본보기를 보여야 합니다."

"하지만 지배인님……. 이것 보세요, 지배인님!"

그것은 닳아빠진 지갑과 젊은 시절의 로블레가 비행기 옆에서 찍은 사진이 실린 헌 신문지였다.

리비에르는 늙은이의 손이 천진한 명예 위에서 부들부들 떨리는 것을 보았다.

"지배인님, 이것은 1910년의 일입니다……. 제가 여기서 아르헨티나 최초의 비행기를 꾸몄습니다……. 1910년부터 비행기 일을 봐 왔습니다……. 지배인님, 그러니까 20년이 됩니다! 그런데 어떻게 그런 말씀을 하실 수가 있습니까……. 지배인님, 젊은 친구들이 공장에서 얼마나 비웃겠습니까? 아, 얼마나 비웃겠느냔 말입니다!"

"그게 나하고 무슨 상관이오?"

"그리고 제 아이 놈들은요, 지배인님! 저는 아이들이 있습니다!"

"그래서 인부 자리를 주겠다고 하지 않았소?"

"제 체면은요, 지배인님! 제 체면은 어떻게 되느냔 말씀입니다. 생각해 보십시오. 20년 동안이나 항공일에 종사하던 이 늙은 직공이……."

"인부가 되시오."

"싫습니다, 지배인님. 싫습니다……. 제 말씀을 더 들어 주십시오……."

"그만두고 가시오."

리비에르는 생각했다.

'내가 이렇게 무지막지하게 해고시킨 것은 이 늙은이가 아니라(그에게는 책임이 없을지 몰라도 어떻든), 이 늙은이를 통해서 생긴 그 사고다. 왜냐하면, 사건들이란 사람들이 명령하는 것이기 때문이다. 또 사람들이 명령에 복종하는 것이니 사람이 그것을 만들어 내는 것이다. 그들 역시 만들어지는 존재이므로 가련하다. 사고가 그들을 거쳐서 일어나는 경우에는 그들을 물리치는 것이다.'

리비에르는 이렇게 생각했다.

"제 말씀을 더 들어 주세요!"

그 가엾은 노인이 무슨 말을 하려고 했을까? 자기의 지난날의 기쁨을 빼앗아 가려는 것이라고 말하려 했을까? 기체의 강철에 부딪치는 연장 소리가 그립다고 말하려고 했을까? 자기의 생활에서 위대한 시를 없애 버리는 거라고 말하려고 했을까? 그리고……. 살아 나가야 하지 않겠느냐고 말하려고 했을까?

'몸이 나른한걸.'

하고 리비에르는 생각했다. 온몸을 어루만지듯이 몸에 열이 올랐다. 그는 서류를 만지작거리며 생각했다.

'그 늙은 동료의 얼굴이 나는 좋았어…….'

리비에르의 눈앞에 그 늙은이의 손이 떠올랐다. 그리고 그 손들을 가지런히 모으고 움직일 그 힘없는 동작을 생각해 보았다.

"좋소, 좋아요. 그대로 남아서 일하시오."

라고만 말하면 그만일지도 모른다. 리비에르는 그 늙은 손에 내려앉을 넘치는 기쁨을 상상해 보았다. 얼굴이 아닌 직공의 늙은 손이 말했을 그 기쁨이 세상에서 가장 아름다운 것으로 생각되었다.

'이 서류를 찢어 버릴까?'

그러면 그 늙은이는 집에 돌아가서 겸손하게 자랑할 것이다.

"그럼, 그대로 일하게 되는 거예요?"

"물론이지! 내가 아르헨티나에서 처음으로 비행기를 꾸몄는데!"

그리고 젊은 축들의 웃음거리가 되지 않아도 된다는 것, 다시 회복된 선배의 위신 같은 것이 머리에 떠올랐다.

'찢어 버린다?'

전화 벨이 울려서, 리비에르는 수화기를 들었다.

오랜 시간이 지난 후, 사람의 목소리에 바람과 공간이 가져다 주는 음향과 그윽함이 들려오고, 곧 어떤 사람의 목소리가 들렸다.

"여기는 비행장입니다. 누구십니까?"

"리비에르다."

"지배인님, 650호가 이륙을 대기하고 있습니다."

"그래?"

"마침내 모든 준비가 되었습니다. 그렇지만 막 출발하려고 할 때 전기 배선을 뜯어 고쳐야 했습니다. 연결이 시원찮았거든요."

"배선은 누가 했나?"

"조사해 보겠습니다. 만약 동의하신다면 처벌하려고 합니다. 현등의 고장이라면, 큰일날지도 모르니까요."

"물론이다."

리비에르는 생각했다.

'잘못이란, 어디서 발견되든지 뿌리를 뽑지 않으면 이처럼 전등에 고장이 생기는 법이다. 잘못의 원인을 발견하고도 그것을 놓친다는 것

은 커다란 죄이다. 그러니 로블레는 역시 내보내야겠다.'
아무것도 눈치채지 못한 사무원은 여전히 타이프를 치고 있었다.
"그건?"
"보름치 계산입니다."
"왜 아직 안 됐소?"
"제가······."
"나중에 봅시다."
'사건들이 어떻게 해서 이렇게 앞질러 가는지 이상해. 처녀림을 뒤흔
들어 놓고, 자라고, 상대방의 뜻에 따르도록 강요하고, 큰 사업 주위
의 사방에서 솟아나는 것 같은 큰 힘이 어떻게 나타나는지 이상하단
말이야.'
리비에르는 조그마한 담쟁이덩굴 때문에 쓰러지는 신전들을 생각했
다.
'큰 사업은······.'
그는 안심하기 위해서 또 이렇게도 생각했다.
'나는 이 사람들을 모두 사랑한다. 내가 싸우는 것은 이들이 아니라,
이들을 거쳐서 나오는 그것이다.'
그의 심장이 빠른 속도로 뛰며 그를 괴롭혔다.
'내가 한 것이 잘한 일인지 아닌지 나는 모른다. 나는 인생이라든지,
정의라든지, 고뇌가 어떤 값어치가 있는지 모른다. 나는 한 사람의 기
쁨이 얼마만큼의 값어치가 있는지도 모른다. 떨리는 손이나 자애심,
자상함의 값어치가 어느 만큼 있는지도 나는 모른다.'
그는 몽상했다.
'인생은 모순덩어리다. 인생이라는 것은 그저 힘 닿는 대로 그럭저럭
지내는 것이지······. 그러나 영원히 산다는 것, 창조한다는 것, 자기의

없어질 육신을 무엇과 바꾼다는 것은……'

리비에르는 골똘히 생각했다. 그리고 초인종을 눌렀다.
"유럽행 우편기의 조종사에게 전화해서, 출발하기 전에 나를 보러 오라고 전해 주게."
그는 생각했다.
'이 우편기가 돌아와서는 안 된다. 내가 사람들을 격려해 주지 않으면, 밤은 언제나 그들을 불안하게 할 것이다.'

전화 때문에 잠이 깬 조종사의 아내는 남편을 들여다보며 생각했다.
'좀더 주무시게 가만 둬야지.'
그는 남편의 떡 벌어진 유선형의 가슴을 넋을 잃고 바라보며 훌륭한 배를 떠올렸다. 어떤 항구 안에서 쉬고 있는 배처럼 그는 이 포근한 침대에서 쉬고 있었다. 아무것도 그의 잠을 방해하지 못하도록, 아내는 손가락으로 주름살, 그림자, 출렁임을 지워서 마치 신의 손가락으로 바다를 잔잔하게 하듯 침대를 가라앉혔다.

그녀는 일어나서 창문을 열고 바람을 쐬었다. 그 방에서는 부에노스아이레스가 내려다보였다. 춤을 추고 있는 옆집에서 음악 소리가 바람에 실려 왔다. 때는 바야흐로 쾌락과 휴식의 시간이었으니까! 이 도시는 성 안에 수십만 명의 병사들을 포용하고 있었다.

모두가 조용하고 무사했다. 그러나 그녀는 누군가가 갑자기 "전투 준비!"하고 소리칠 것 같았다. 그러면 오직 한 사람만이, 자기의 사람만이 벌떡 일어설 것 같은 생각이 들었다. 그는 아직 쉬고 있었다. 그러나 그의 휴식은 돌격을 기다리는 예비대의 휴식과 같은 것이었다. 이 잠든 도시는 그를 보호하지 못했다. 그가 이 도시의 등불이 던지는 뽀얀 불빛에서 젊은 신처럼 솟아오를 때에는, 그것들이 쓸데없는 것으로 생각될 것이다. 그녀는 남편의 튼튼한 팔을 바라보았다. 한 시간 후면 유럽행 우편기의 운명을 받쳐들고, 마치 한 도시의 운명과도 같은 위대한 책임을 맡을 팔이었다. 그녀의 마음은 혼란해졌다. 이 사람만이 홀로, 수백만 명의 사람 중에서 야릇한 희생을 위해 준비되어 있었던 것이다. 그녀는 그것이 속상했다. 그는 아내의 상냥한 품에서까지 빠져 나가는 것이다. 그녀가 남편에게 음식을 해 먹이고, 그를 보살펴 주고, 애무하고 한 것이 자기를 위해서가 아니고, 그를 잡아가려는 이 밤을 위해서였다. 그의 다정한 손은 길들여진 것에 지나지 않았고, 그 손들이 하는 참된 일은 알 수가 없었다. 그녀는 그의 미소와 그가 애인처럼 쓰는 마음을 알고 있었지만, 폭풍우 속에서 터져 나오는 고상한 분노는 알지 못했다. 그녀는 음악이다, 사랑이다, 꽃이다 하는 다정한 끈으로 그를 얽어놓지만, 출발할 때마다 그것이 떨어지는데도, 그는 괴로워하는 것 같지도 않았다.

남편이 눈을 떴다.

"몇 시야?"

"자정이에요."

"날씨는 어때?"

"모르겠어요……."

그는 일어나 기지개를 켜며, 천천히 창문 쪽으로 걸어갔다.

"그렇게 춥지는 않을 것 같군. 바람이 어느 쪽으로 불고 있지?"

"그걸 내가 어떻게 알아요?"

그는 머리를 쑥 내밀었다.

"남풍이군. 아주 좋아. 적어도 브라질까지는 바람을 등지고 가게 될 거야."

그는 달을 발견했다. 그리고 자신이 풍요롭다는 것을 깨달았다. 그 다음 그의 눈은 시가지 위로 내려갔다.

그에게는 이 도시가 아늑하다고도, 밝다고도, 따뜻하다고도 생각되지 않았다. 그에게는 벌써 등불들이 희미한 모래알처럼 흘러나가는 것이 보였다.

"무슨 생각을 해요?"

그는 포르투알레그레 쪽에는 안개가 낄지도 모른다는 생각을 하고 있었다.

'내게는 전략이 있어. 어디로 돌아야 할지 안단 말이지.'

그는 여전히 상반신을 창 밖으로 내민 채였다. 그는 벌거벗고 바다에 뛰어들어가기 전처럼 숨을 깊이 들이마셨다.

"당신은 쓸쓸한 기색조차 없군요……. 며칠 동안이나 나가 계시는데……."

일주일 아니면 열흘? 그는 알 수 없었다. 쓸쓸하다니, 천만에. 무엇 때문에 쓸쓸하겠느냐 말이다. 그 평야들, 도시들, 산들을 정복하려고 아무 매인 데 없이 떠나는 것 같은 느낌이었다. 또 한 시간 안으로 부에노스아이레스를 점령했다가 내줘 버릴 것이라는 생각도 했다.

그는 싱긋 웃었다.

'이 도시에서 나는 눈 깜짝할 사이에 멀리 떨어질 거다. 밤에 출발하는 건 멋져. 남쪽을 향해서 가솔린 엔진을 잡아당기는데, 10초 후에는 벌써 북쪽을 향해서 풍경을 곤두박질시킨다. 시가지는 이미 바닷속에 지나지 않는다.'

아내는 남편이 정복하기 위해 버려야 하는 것들을 생각해 보았다.

"당신은 당신 집이 좋지 않아요?"

"내 집이 좋지……."

그러나 그녀는 남편이 벌써 길을 떠나고 있음을 알았다. 떡 벌어진 어깨는 이미 하늘을 지그시 떠받치고 있었다.

아내는 하늘을 가리키며 그에게 말했다.

"날씨가 좋네요. 당신의 길에 별이 쫙 깔렸어요."

그는 웃었다.

"응."

그녀는 남편의 어깨에 손을 얹자 온기를 느끼고 가슴이 뭉클해졌다. 그래, 이 육체가 얼마나 위협을 당하고 있단 말인가……?

"당신은 아주 튼튼해요. 하지만 조심해야 돼요."

"조심하라고? 물론이지……."

그는 또 웃었다.

그는 옷을 입었다. 이 잔치에 가기 위해서 가장 거친 천과, 가장 무거운 가죽을 골랐다. 그는 꼭 농사꾼 같은 옷차림이었다. 그의 몸집이 커지고 무거워질수록 아내는 그를 홀린 듯이 바라보았다. 그녀는 직접 혁대를 졸라 주고 장화를 잡아당겨 주었다.

"이 장화는 좀 불편한걸."

"그럼 이쪽 걸로 신으세요."

"보조 램프를 맬 끈을 찾아다 줘."

그녀는 남편을 바라보았다. 갑옷에 잘못된 곳이 있으면 그녀가 직접 고쳤다. 모든 것이 잘 맞았다.

"당신은 정말 멋있어요."

그녀에게는 남편이 정성 들여 머리를 빗는 것이 눈에 띄었다.

"별들을 위해 모양을 내는 거예요?"

"나이 들었다는 생각을 하지 않으려고 그러는 거야."

"샘이 나요."

그는 또 웃고 아내에게 키스를 하고, 두꺼운 옷 위로 꼭 껴안았다. 그러고는 어린 계집애라도 쳐들듯이 그녀를 번쩍 들고, 여전히 웃으면서 침대 위에 뉘었다.

"잘 자요!"

그리고 나와서 문을 닫고, 거리의 알지 못하는 밤의 무리들 사이로 정복의 첫걸음을 내디뎠다.

그녀는 여전히 누운 채, 남편에게는 바닷속에 지나지 않는 꽃들과 아늑한 방 안을 쓸쓸하게 바라보았다.

리비에르가 그를 맞았다.

"자네는 지난번 비행 때 잘못을 저질렀어. 기상 통보가 좋았는데도 중간에 돌아왔으니 말이야. 그냥 지나갈 수 있었는데, 겁이 났었나?"

조종사는 갑자기 책망을 당하자 말이 없었다. 그는 천천히 양손을 비볐다. 그러다가 고개를 들고 리비에르를 보며 대답했다.

"네."

리비에르는 겁을 먹었던 이 용감한 젊은이를 마음속으로 동정했다. 조종사는 발뺌을 하려고 했다.

"아무것도 보이지 않았습니다. 물론 좀더 가면……. 어쩌면……. 무전도 그랬어요. 하지만 조종석 램프가 희미해져서 제 손도 보이지 않았습니다. 저는 비행기 날개라도 보려고 현등을 켰죠. 하지만 아무것도 보이지 않았어요. 저는 빠져 나오기 힘든 큰 구멍 속으로 깊이 빠져들어간 것 같았습니다. 그 때 엔진이 떨리기 시작했어요……."

"아니야."

"아니라니요?"

"아니야. 나중에 시험해 보았는데, 엔진은 아무 이상이 없었어. 하지만 무서울 때에는 반드시 엔진이 떨리는 것처럼 생각되는 법이지."

"누군들 겁이 안 나겠습니까? 산들이 위에서 저를 둘러싸고 있었습니다. 올라가려고 하면 비행기는 오히려 100미터나 떨어졌어요. 자이로 스코프도 안 보이고, 기압계도 보이지 않았습니다. 엔진의 회전수가 떨어지고, 뜨거워지고, 오일 파이프의 압력이 떨어지는 것만 같았어요. 이것이 모두 무슨 병처럼 어둠 속에서 일어났단 말씀입니다. 등불이 켜진 도시를 다시 보고 나서야 정말 살 것 같았습니다."

"자네는 상상력이 너무 풍부하군. 가 보게."

조종사는 나갔다.

리비에르는 안락의자 깊이 앉아서, 반백이 된 머리에 손을 가져갔다.

'그런데 밑에 있는 사람 중에서 가장 용감한 사람이야. 그날 밤 그가 무사히 돌아올 수 있었던 것은 참 훌륭한 일이었어. 내가 할 일은 그 사람을 공포심에서 구해 주어야 하는 것이다……'

그런 다음, 다시 마음이 약해지려고 하자, 그는 다시 생각했다.

'사랑을 받으려면 동정만 하면 되는 것이다. 그런데 나는 별로 동정을 하지 않거나, 그것을 겉으로 나타내지 않는다. 하지만, 나도 주위의 사람들과의 우정과 온정을 만들고 싶다. 의사는 그의 책임을 다할 때 그것들을 얻는다. 그런데 나는 사건에 봉사하는 사람이란 말이다. 사람들이 쓸모 있어지도록 단련시켜야 한다. 밤에 항공지도를 펴놓고 사무실에 앉아 있으면, 이 숨은 법칙을 명백히 깨닫는다. 내가 보살피지 않고 잘 마련된 일들이 그저 제 갈 길로 가게 내버려두면, 그 때 이상하게도 사고가 생긴다. 마치 내 의지 하나로 비행 중에 있는 기체가 절단되는 것을 막고, 폭풍우가 비행 중의 우편기를 지연시키는 것을 막는 것처럼 말이다. 어떤 때는 내 능력에 겁이 나기도 한다.'

그는 또 이렇게도 생각했다.

'이건 명백한 일일지도 모른다. 잔디밭을 손질하는 정원사의 끝없는 노력도 마찬가지이다. 그 손의 무게 하나로 땅이 자꾸만 길러내는 처녀림을 땅 속으로 다시 쫓아 버리는 것이다.'

그는 조종사를 생각했다.

'나는 그를 공포심에서 구해 내야 한다. 그를 책망하는 것이 아니고, 미지의 세계에서 사람들을 무력하게 만드는 그 압력이 그를 통해서 공격하는 것이다. 만약에 내가 그의 말을 듣는다든지, 동정을 한다든지, 그가 치른 모험을 대수롭게 여긴다면, 그는 자기가 신비의 세계에서 돌아온 것이라고 생각할 텐데, 사실 사람이 무서워하는 것이 바로 신비인 것이다. 사람들이 그 캄캄한 우물 속으로 내려갔다가 올라와서 아무것도 만나지 못했다고 말하게 해야 하는 것이다. 저 조종사가 겨우 손이나 비행기 날개밖에 비치지 않는 작은 광부의 안전등조차 지니지 않고, 밤의 가장 깊은 곳까지, 겹겹이 싸인 어둠 속으로 내려가서 미지의 세계를 어깨의 힘으로 떠다밀어야 하는 것이다.'

그러면서도 이 투쟁에 있어서 리비에르와 그 아래에 있는 조종사들은 마음속 깊이 드러나지 않는 우정으로 맺어져 있었다. 그들은 같은 배를 타고 있었고, 이기겠다는 욕망에 불타고 있는 사람들이었다. 그러나 리비에르는 밤을 정복하려고 자기가 치른 다른 싸움들이 생각났다.

정부측에서는 이 암흑의 영토를, 아무도 탐험하지 않은 가시덤불이 덮인 땅처럼 경계했다. 그들에게는 비행기를 시속 2백 킬로미터로, 폭풍우와 안개와, 밤이 몰래 숨기고 있는 물질적인 장애물들을 향해서 떠나보낸다는 것이 군사 비행에서나 허락할 만한 모험으로 생각되었다. 군사 비행에서는 맑게 갠 밤에 어떤 비행장을 출발해서 폭격을 하고 같은 비행장으로 돌아오지만, 정기 항공은 야간에는 실패하리라는 것이었다. 거기에 대해서 리비에르는 이런 말을 했다.

"낮 동안에는 기차와 기선에 비해서 앞섰던 것을 밤이 되면 잃게 되니까, 이건 우리에게는 죽고 사는 문제입니다."

리비에르는 손익이니, 보험이니, 여론이니 하는 문제를 시들하게 듣다가 한 마디 쏘아붙였다.

"여론이야……. 이끌어 나가면 되는 거지!"

그는 생각했다.

'왜 우물쭈물하는 거야? 그 무엇이, 무엇보다도 중요한 것이 있는데, 살아 있는 것은 살기 위해 모든 것을 뒤집어 버리고, 살기 위해 자기에게 적당한 법을 만드는 것이다. 그건 어쩔 수 없는 일이다.'

리비에르는 언제 어떻게 상업 항공이 야간 비행에 손을 댈지 알지 못했다. 하지만 피할 길 없는 일에 해결책을 준비해야 한다고 생각했다.

그는 초록색 테이블보 앞에서 주먹으로 턱을 괴고 앉아서, 이상하게도 기운이 솟아나는 기분으로 제시된 여러 가지 반대 의견을 생각했다. 반대 의견들은 그에게 허무한 것으로, 미리부터 생명력에 의해서 패배 선고를 받은 것으로 생각되었다. 그리고 그는 자기 안에 있는 힘이 무섭게 뭉쳐 있는 것을 느꼈다.

리비에르는 생각했다.

'내 논리에는 무게가 있다. 나는 이긴다. 이것은 사물의 자연스러운 추세이다.'

모든 위험을 없앨 수 있는 완전한 해결책을 내놓으라고 따지면, 그는 이렇게 대답하곤 했다.

"경험이 법을 만들어 줄 것입니다. 법의 지식이 경험을 앞서는 일은 없습니다."

수년간 싸운 끝에, 리비에르는 승리를 거두기도 했다. 어떤 사람들은 '그의 신념' 때문이라고 말하기도 하고, 또 어떤 사람들은 '곰처럼 돌진

하는 그의 끈기와 정력' 때문이라고도 했다. 그러나 그는 무엇보다도 자기가 그저 좋은 쪽에 끼어들었기 때문이라는 것이었다.

그러나 처음에는 얼마나 주의를 했는지 모른다. 비행기들은 해뜨기 겨우 한 시간 전에나 떠나고, 해지기 한 시간 전에는 반드시 착륙했었다.

리비에르는 자신의 경험으로 자신감이 더 생겼을 때에야 비로소 깊은 밤을 향하여 우편기를 떠나보낼 생각을 했던 것이다. 지금 그는 찬성은 거의 받지 못하고, 비난만 받다시피 하며 홀로 투쟁을 계속하고 있다.

리비에르는 날고 있는 비행기들의 최후 보고를 들으려고 초인종을 눌렀다.

그 동안 파타고니아 선 우편기는 뇌우에 접근하고 있었다. 파비앵은 그것을 피해 가는 것을 단념했다. 번갯불의 줄기가 그 지방 안쪽으로 깊이 뻗어 들어가며 두꺼운 구름의 요새를 비추고 있었다. 그래서 그는 폭풍우의 범위가 너무 넓다고 생각한 것이다. 그는 뇌우 밑으로 빠져나가 보다가 일이 안 되면 되돌아갈 작정을 했다.

그는 비행기의 고도를 보았다. 1천7백 미터였다. 고도를 낮추려고 핸들을 잡고 있던 양손에 힘을 주었다. 엔진이 부르르 떨리며 비행기가 흔들렸다. 파비앵은 하강 각도를 고쳤다. 그리고 지도 위에서 산 높이를 조사해 보니 5백 미터였다. 그는 여유를 두기 위해서 7백 미터 고도에서 비행하려고 생각했다.

그는 운명을 걸고 고도를 낮추었다.

회오리바람에 말려가듯이 비행기는 더욱더 심하게 흔들렸다. 파비앵은 눈에 보이지 않는 사태에 위험을 당하는 것 같은 느낌이 들었다. 그는 자기가 뒤로 돌아가서 무수한 별들을 다시 만나는 것 같았지만, 각

도를 조금도 바꾸지 않았다.

파비앵은 가능성을 예측해 보았다. 이것은 아마 지방적인 뇌우일 것이다. 왜냐하면, 다음 기항지인 트렐레우에서는 하늘의 4분의 3 가량이 흐렸다고 통보해 왔으니까 말이다. 한 20분 가량만 이 시커먼 콘크리트 속에서 견뎌내면 되는 것이다. 하지만 조종사는 불안했다. 그는 바람의 압력에 기대는 것처럼 왼편으로 몸을 기울이고, 더할 수 없이 컴컴한 밤중에도 희미하게 흐르는 빛이 무엇인지 알아보려고 했다. 그러나 그것은 빛이 아니었다. 그것은 컴컴한 어둠 속에서 일어나는 밀도의 변화가 아니면 눈의 피로에서 오는 것이었다.

그는 무전사가 건네는 종이 쪽지를 펼쳤다.

"우리는 지금 어디를 비행하고 있나요?"

파비앵도 그것이 무척 알고 싶었다. 그는 대답했다.

"모르겠소. 우리는 나침반을 가지고 뇌우 속을 건너고 있는 중이오."

그는 다시 상체를 기울였다. 하지만 배기관에서 내뿜는 불꽃 때문에 앞이 보이지 않았다. 그 불꽃은 꽃다발 모양을 하고 엔진에 붙어 다니는데, 지극히 희미한 것이어서 달빛만 있어도 보이지 않을 정도였다. 그러나 이 캄캄절벽 안에서는 시야를 모두 집어삼키는 것이었다. 그는 그 불꽃을 바라보았다. 그것은 관솔불처럼 곧추서서 바람을 따라 펄럭이고 있었다.

파비앵은 30초마다 자이로스코프와 나침반을 들여다보려고 조종석 밑으로 머리를 들이밀었다. 그는 이미 오랫동안, 눈부시게 하는 약하고 붉은 램프를 켤 생각조차 하지 못했다. 다행히 라듐으로 숫자가 표시된 계기들은 모두 별과 같은 창백한 빛을 내고 있었다. 하늘과 숫자 사이에서 조종사는 허망한 안전감을 느끼고 있었다. 물결 밑에 가라앉은 배의 선실과도 같은 안전감이었다. 밤과 밤이 운반해 오는 바위와 표류물과 산 같은 것들은 모두 하나같이 무서운 운명을 품고, 비행기를 향해 흘러오고 있었다.

"우리는 지금 어디를 비행하는 겁니까?"

무전사가 다시 물었다.

파비앵은 목을 길게 빼고 왼쪽으로 몸을 굽혀서 무섭게 망을 보기 시작했다. 그는 얼마만한 시간과 노력이 들어야 그 어둠의 결박에서 해방될 수 있을지 알 수 없었다. 언제까지고 거기에서 놓여나지 못할 것 같이 생각되었다. 왜냐하면, 자기의 희망을 북돋워주기 위해서 수없이 펴서 읽고 또 읽었던 그 더럽고 구겨진 종이 쪽지에 자신의 생명을 걸고 있으니 말이다.

'트렐레우, 하늘은 4분의 3이 흐리고 바람은 약서풍.'

이라고 쓴 종이였다. 트렐레우가 4분의 3만 흐렸다면, 구름 틈새기로 그 등불들이 보일 텐데…….

저 멀리의 약속된 엷은 빛을 보며 그는 비행을 계속했다. 그러나 더럭 의심이 났기 때문에

'빠져 나갈 수 있을지 모르겠소. 후방에는 여전히 날씨가 좋은지 알아봐 주시오.'

하고 끄적거려서 무전사에게 주었다.

그 대답을 듣고 그는 몹시 실망하였다.

"코모도로에서는 '이곳으로 돌아올 수 없음. 폭풍우.' 라고 통보해 왔습니다."

그는 예사롭지 않은 폭풍우의 공세가 안데스 산맥에서 바다 쪽으로 덮쳐 내려가고 있음을 짐작하기 시작했다. 그가 도시들에 닿기 전에 태풍은 그 도시들을 먼저 휩쓸어 버릴 것이라는 생각이 들었다.

"산안토니오의 날씨를 물어 보시오."

"산안토니오에서는 '서풍이 불기 시작하는데, 서쪽에는 폭풍우가 있음. 하늘은 4분의 4가 흐렸음.' 이라고 회답이 왔습니다. 방전 때문에 산안토니오 무전국에서는 잘 들리지 않는답니다. 저도 잘 들리지 않습니다. 방전 때문에 곧 안테나를 좀더 올려야 할 것 같습니다. 되돌아가시렵니까? 어떻게 하시겠습니까?"

"조용히 하고 바이아블랑카의 날씨를 물어 보시오."

"바이아블랑카에서는 '20분 안으로 서쪽에서 심한 뇌우가 바이아블랑카로 덮쳐올 것으로 예상됨.' 이라는 회답이 왔습니다."

"트렐레우의 날씨를 알아보시오."

"트렐레우에서는 '초속 30미터의 대폭풍이 서쪽에서 불어오고, 폭우가 내림.' 이라고 회답이 왔어요."

"부에노스아이레스에 보고하시오. '사방이 꽉 막혔음. 1천 킬로미터에 걸쳐 폭풍우가 발생하여 아무것도 보이지 않음. 어떻게 할 것인가?' 라고……."

조종사는 비행기를 항구로 이끌어 가지도 않았고(항구란 항구는 모두 손이 닿지 않을 것같이 생각되었다), 휘발유가 1시간 40분만 있으면 떨어질 것이니 새벽까지 갈 수도 없을 것이었다. 이 밤이 그에게는 까마득한 것이었다. 왜냐하면 머지않아 깊은 암흑 속으로 빠져 들어가지 않을 수 없을 테니 말이다.

'날이 밝을 때까지 견딜 수만 있다면…….'

파비앵은 새벽을, 마치 이 어려운 밤을 지낸 다음에 밀려 올라갈 황금빛 모래가 깔린 해변으로 생각했다. 위협을 당하고 있는 비행기 밑에 평야의 해변이 나타날 것이다. 평온한 대지는 잠자는 농가와 가축 떼와 야산들이 고이고이 떠받치고 있을 것이다. 어둠 속에서 굴러다니던 표류물들이 모두 제자리에 돌아가고 있을 것이다. 할 수만 있다면 새벽을 향해 헤엄이라도 치고 싶었다.

그는 자기가 포위당했다고 생각했다. 잘잘못은 따질 것도 없이 모든 것은 그 깊은 어둠 속에서 해결될 것이었다.

그것은 사실이었다. 그는 어떤 때에 해가 뜨는 것을 보면서 건강이 회복되는 것같이 생각된 일이 있었다.

그러나 해가 살고 있는 동쪽을 뚫어져라 바라본들 무슨 소용이 있을까? 그와 해 사이에는 헤어나올 수 없을 만큼 깊은 밤이 가로막고 있었으니 말이다.

"아순시온 선 우편기는 무사히 진행 중이오. 2시쯤 도착할 거야. 그런데 지금 난항 중인 파타고니아 선 비행기는 상당히 지연될 것으로 예상되네."

"알겠습니다, 지배인님."

"파타고니아 선 비행기가 도착하기 전에 유럽행 비행기를 이륙시킬지도 모르겠네. 아순시온 비행기가 도착하는 대로 지시를 청하게. 모든 준비를 해놓고 있게."

리비에르는 지금 북쪽의 기항 비행장들에서 온 전보를 읽고 있었다. 그 전보들은 유럽행 우편기를 위해서 달 비치는 길을 열어 놓았다. '쾌청, 만월, 무풍'이라고……

브라질의 산들이 밝은 하늘에 또렷하게 솟아올라, 바다의 은빛 파도 위에 검은 밀림의 많은 머리칼을 똑바로 드리우고 있었다. 달빛이 싫증도 내지 않고 비치건만, 빛깔도 보이지 않는 그 밀림들, 바다 위에 있는 섬들도 표류물들처럼 거무스름했다. 그리고 모든 항공로 위에는 빛의 샘이라고도 할 수 있는 달이 비치고 있었다.

리비에르가 출발 명령을 내리면, 유럽행 우편기의 탑승원은 온 밤을 고요히 비춰 줄 안정된 세계로 들어갈 것이다. 그림자와 빛의 균형을 위협하는 것이 하나도 없는 세계, 깨끗한 바람의 부드러운 촉감조차 스며들지 않는 세계, 선선해지면 몇 시간 동안에 온 하늘을 망쳐놓을 수도 있는, 그 바람조차 없는 세계로 들어갈 것이다.

그렇지만 리비에르는 이 아름다운 빛 앞에서 마치 채굴이 금지된 금광 앞에 선 탐광가처럼 망설였다. 남쪽에서 일어나는 사건들은 야간 비행의 유일한 지지자인 리비에르에게는 불리한 것이었다. 그의 반대론자들은 파타고니아에서 일어난 참사로 인해 정신적으로 대단히 유리한 입장에 서게 되어서, 어쩌면 리비에르의 신념이 이제는 무능하게 될지도 모를 일이었다. 왜냐하면, 리비에르의 신념만큼은 확고부동한 것이었으니, 자기 사업에 빈틈이 생겨 참극이 일어나는 것을 막지 못했던 것이다. 하지만 그 참극은 하나의 빈틈을 보여 주었을 뿐, 그것말고는 아무 것도 증명하는 것은 없었다.

그는 생각했다.

'어쩌면 서부 지방에 기상관측소를 세울 필요가 있는지도 모르겠다……. 생각해 보기로 해야겠다.'

또 이런 생각도 했다.

'내게는, 야간 비행을 주장하는 확고한 이유는 남아 있으면서 사고를 일으킬 수 있는 원인이 하나 줄었다. 즉, 이번에 드러난 그 원인 말이다. 실패는 강한 자들을 더 강하게 만든다. 그런데 불행히도 종사원들에 대해서는 도박을 하는 셈인데, 그 도박에서는 사물의 참된 뜻이 별로 고려되지 않는다. 따고 잃는 것은 밖에 드러나는 것뿐이고, 실제에 있어서는 아주 보잘것없는 것이다. 그런데도 이렇게 겉으로 보이는 실패로 인해서 사람은 결박되는 것이다.'

리비에르는 초인종을 눌렀다.

"바이아블랑카에서는 여전히 아무 연락이 없소?"

"네, 없습니다."

"그 비행장을 전화로 불러주오."

5분 후, 그는 소식을 묻고 있었다.

"왜 아무런 통보도 안 보냈소?"

"우편기의 발신을 들을 수가 없습니다."

"계속 침묵하고 있단 말이오?"

"모르겠습니다. 뇌우가 너무 심해서요. 비행기에서 발신을 해도 들리지 않을 겁니다."

"트렐레우에서는 연락을 받지 못했소?"

"트렐레우에서도 못 받았습니다."

"전화해 보시오."

"해 보았지만, 선이 끊어졌습니다."

"그쪽은 날씨가 어떻소?"

"잔뜩 찌푸린 날씨입니다. 서쪽과 남쪽에서는 번개가 치고 있습니다. 그리고 몹시 위협적입니다."

"바람은?"

"아직은 약하지만, 그것도 한 10분 정도일 겁니다. 번개가 점점 가까워지고 있으니까요."

잠시 동안의 침묵…….

"바이아블랑카요? 들립니까? 좋소. 10분 후에 다시 불러 주시오."

그리고 리비에르는 남쪽 기항지의 여러 군데에서 온 전문을 뒤적거렸다. 어느 비행장이나 우편기의 침묵을 알리는 것들뿐이었다. 어떤 비행장에서는 부에노스아이레스에 응답조차 하지 않아서, 지도 위에는 침묵을 지키는 지역의 표시가 늘어 갔다. 이들 지역의 작은 도시들은 벌써 태풍의 습격을 받아서 문이란 문은 모두 닫아 걸었으며, 불빛 없는 거리거리의 집들은 바다에 홀로 떠 있는 배나 다름없이, 세상과 인연을 끊고 밤 가운데에서 방황하고 있었다. 오직 새벽만이 저들을 구해낼 것이다.

그러나 리비에르는 지도를 들여다보며, 아직도 맑은 하늘의 대피소를 발견할 희망을 버리지 않았다. 그는 서른 군데도 넘는 도시의 날씨 상태를 묻는 전보를 경찰에 쳐 두었는데, 이제 회답이 도착하기 시작했기 때문이다. 2천 킬로미터에 걸쳐서 모든 무전국들은 비행기에서 부르는 소리를 잡으면, 30초 안에 부에노스아이레스에 알리라는 지시를 받고 있었고, 부에노스아이레스 무전국에서는 대피소의 위치를 파비앵에게 전달하기로 되어 있었다.

사무원들은 새벽 1시에 소집되어 사무실로 돌아왔다. 그들은 야간 비행이 중지될지도 모른다는 이야기며, 유럽행 우편기까지도 낮에만 이륙할지도 모른다는 이야기를 들었다. 그들은 또 목소리를 낮추어 파비앵의 이야기와 태풍에 관한 이야기, 특히 리비에르에 대한 이야기들을 주고받곤 했다. 그들은 리비에르가 자연의 거부로 납작하게 되어 있는 것을 눈치챘다.

그런데 갑자기 모든 목소리가 사라졌다. 리비에르가 외투를 입고, 여전히 모자를 깊숙이 내려쓰고, 손님 같은 차림으로 자기 방문 앞에 나타났기 때문이었다. 그는 과장 쪽으로 다가섰다.

"지금 한 시 10분인데, 유럽행 우편기의 서류는 다 되었는가?"

"저……. 저는 떠나지 않을 걸로 생각했기 때문에……."

"자네는 생각할 필요 없어. 이행하기만 하면 되는 거야."

그는 뒷짐을 지고, 열린 창문 쪽으로 천천히 돌아섰다.

사무원 한 사람이 그에게 다가와서 말했다.

"지배인님, 우리는 회답을 별로 받지 못할 것 같습니다. 내륙 지방에서는 벌써 전화선이 여러 군데 끊어졌다는 통보가 왔습니다……."

"좋다."

리비에르는 꼼짝도 않고 밤하늘을 내다보았다.

이와 같이 보고 하나하나가 파비앵의 우편기를 위협하는 것이었다. 각 도시의 전화선이 끊어지기 전에 응답할 수 있는 경우에는, 외적들이 전진하는 것을 알리듯 태풍의 진행을 알려왔다.

"태풍은 내륙 지방, 안데스 산맥에서 와서 모든 통로를 휩쓸며 바다 쪽으로 감……."

리비에르는 별이 너무 반짝이고 공기가 습하다고 생각했다. 얼마나 이상한 밤이란 말인가? 그것은 빛 좋은 과일의 살처럼 갑자기 군데군데 썩어 들어갔다. 부에노스아이레스의 하늘에는 별들이 아직 하나도 빠지지 않고 반짝이고 있었다.

그러나 그것은 오아시스에 지나지 않았다. 그것도 잠시 동안의 오아시스 말이다. 그뿐 아니라 이 오아시스는 비행기의 탑승원들의 행동권 밖에 있는 항구였다. 사나운 바람의 위협으로 망가지는 불길한 밤, 정복하기 어려운 밤이었다.

한 비행기가 어디선가 깊은 어둠 속에서 어려움을 당하고 있었다. 땅에서는 사람이 아무 소용 없이 발버둥을 치고 있고…….

파비앵의 아내가 전화를 걸었다. 그녀는 남편이 돌아오는 밤마다 파타고니아 선 우편기의 진행 상태를 헤아렸다.

'그이는 지금 트렐레우에서 이륙할 거야…….'

그리고 그녀는 다시 잠이 든다. 잠시 후에는,

'지금 그이는 산안토니오로 다가오고 있을 거야. 그 도시의 등불들이

보이겠지……'

하며 일어나서 커튼을 젖히고 하늘을 살펴본다.

'저 구름이 모두 그이를 방해하는 것들이야……'

어떤 때에 달은 목동처럼 거닐었다. 그러면 그녀는 그 달과 별, 자기 남편의 둘레에 있는 그 수천 수만의 실재들로 인해 안심이 되어 다시 자리에 든다.

1시쯤 되면, 그녀는 남편이 가까이 있는 것으로 생각된다.

'그이는 별로 멀리 떨어진 데 있지 않을 거야. 부에노스아이레스가 보이겠지……'

그러면 그녀는 일어나서 남편을 위해 따끈따끈한 커피를 준비한다.

'하늘에서는 몹시 추우니까……'

그녀는 언제나 남편을 눈 덮인 산꼭대기에서 내려오는 것처럼 맞이한다.

"춥지 않으세요?"

"춥기는!"

"그래도 몸을 좀 녹이세요……"

1시 15분쯤 되면 모든 준비가 이루어진다. 그러면 그녀는 전화를 건다.

오늘 밤도 다른 때와 마찬가지로 그녀는 소식을 물었다.

"파비앵은 착륙했나요?"

전화를 받던 사무원이 약간 당황했다.

"누구십니까?"

"시몬 파비앵이에요."

"아, 그러세요? 잠시만 기다리십시오……"

사무원은 아무 말도 할 수가 없어서 수화기를 과장에게 넘겼다.

"누구세요?"

"시몬 파비앵이라고 하는데요."

"아, 그러세요? 무슨 일이시지요, 부인?"

"제 남편이 착륙했나요?"

잠시 동안 대답이 없었다. 아마 그녀는 이것을 이상하게 여겼을 것이다. 그런 다음 그저,

"안 했습니다."

하는 대답이 있었을 뿐이었다.

"연착인가요?"

"글쎄……."

다시 말이 없다가,

"네……. 연착입니다."

라고 말했다.

"아!"

이 소리는 상처 입은 육체의 부르짖음 같은 것이었다. 연착은 아무것도 아니다……. 아무것도 아니야……. 그러나 그것이 오래 끌 때에는…….

"아! 그래요? ……. 그럼 몇 시에나 도착할까요?"

"몇 시에나 도착하겠느냐고요? 그건 우리도 모릅니다."

그녀는 이제 벽에다 대고 말하는 것과 다름없었다. 자기 물음이 메아리가 되어 돌아오는 것밖에는 듣지 못했던 것이다.

"제발, 대답 좀 해 주세요! 제 남편이 지금 어디에 있나요?"

"어디에 있느냐고요? 기다리십시오……."

이러한 무기력이 그녀의 마음에 걸렸다. 필경 저 벽 뒤에서는 무슨 일이 일어나고 있는 것이 분명했다.

곧 대답을 하기로 한 것 같았다.

"코모도로에서 7시 반에 이륙했습니다."

"그 다음에는 어떻게 됐지요?"

"그 다음에요? 대단히 늦어져서……. 악천후로 대단히 늦어지고 있군요."

"아! 날씨가 나쁘군요……."

부에노스아이레스의 하늘에 한가롭게 걸려 있는 저 달은 얼마나 불공평하고 거짓말쟁이란 말인가? 젊은 아내는 문득, 코모도로에서 트렐레우까지는 겨우 2시간밖에 걸리지 않는다는 것을 생각해 냈다.

"그럼, 그이는 벌써 여섯 시간째 트렐레우를 향해서 비행하고 있군요. 그렇지만 통신은 보내오겠지요! 뭐라고 하던가요?"

"뭐라고 하냐고요? 물론 날씨가 이렇게 나쁘면……. 그 뭐……. 그 통신이 들려야 말이지요."

"날씨가 그렇게 나쁘다고요?"

"그럼, 무슨 일이 있으면 곧 알려드리겠습니다."

"아무것도 모르신다는 말씀이군요……."

"그럼, 안녕히 계십시오……."

"저, 잠깐만요! 지배인님께 말씀을 드리고 싶어요!"

"지배인님은 대단히 바쁘십니다. 지금 회의 중이세요……."

"괜찮아요! 그런 건 아무래도 상관없어요. 지배인님과 통화할 수 있게 해 주세요."

과장은 땀을 훔쳤다.

"잠시만 기다리세요……."

그는 리비에르의 방문을 열고 들어갔다.

"파비앵 부인이 통화하고 싶다고 합니다."

리비에르는 생각했다.

'내가 걱정하던 게 이런 거란 말이야.'

이 비극의 감정적인 소재가 눈에 나타나기 시작한 것이었다. 처음에 그는 그것을 거부할까 하고 생각했다. 어머니와 아내는 수술실에 들어가지 않는 법이다. 위험을 당하는 배에서도 각자의 감정은 침묵시키는 법이다. 감정은 사람들을 구조하는 데에 도움이 되지 않는 것이다. 그렇지만 그는 전화를 받기로 했다.

"내 방으로 돌려주게."

그는 멀리서 떨리는 작은 목소리를 듣고, 곧 그 목소리에 대답할 수 없으리라는 것을 알았다. 아웅다웅해 보았자 두 사람에게 아무 소용 없다고 생각했다.

"부인, 제발 진정하십시오! 저희들의 일에서는 기다림이란 아주 흔한 일입니다."

그는 지금 단지 개인적이고, 자질구레한 슬픔의 문제가 아니라, 사업 자체의 갈림길에 와 있었다. 그의 앞을 막아선 것은 파비앵의 아내가 아니라, 인생의 다른 일면이었다.

리비에르는 작은 목소리, 지극히 슬픈 노래를, 게다가 적의까지 띤 노래를 동정하지 않을 수 없었다. 사업과 개인의 행복은 함께 있을 수 없고, 항상 반대쪽에 있는 것이었다. 이 여인도 하나의 절대적인 세계와 의무, 그리고 권리의 이름으로 말하는 것이었다. 저녁식탁 램프의 밝은 빛의 세계, 자기를 요구하는 육체, 희망의 고향, 애정, 추억이라는 세계의 이름으로 말이다. 그녀는 자신의 권리를 주장하는 것이었는데, 그것은 당연한 것이었다. 리비에르 자신도 옳았지만 이 여인의 진실에 대해 내세울 것이 아무것도 없었다. 그는 형언할 수가 없는 무심한 불빛 속에서, 한 조촐한 가정의 램프 아래서, 자기 자신의 진실을 발견했다.

"부인⋯⋯."

그러나 그녀는 이미 듣고 있지 않았다. 그녀의 약하디약한 주먹이 벽을 두드리는 데에 배겨내지 못한 채 자기의 발 밑에라도 와서 탁 쓰러진 것같이 리비에르는 생각했다.

어느 날, 리비에르는 공사 중인 다리 옆에서 어느 기사와 함께 한 부상자를 들여다보고 있었다. 기사가 리비에르에게 말했다.

"이 다리가 한 사람의 으깨진 얼굴만큼 가치가 있습니까?"

다리를 이용하는 농부들 중에는 다음 다리로 돌아가는 수고를 덜기 위해서, 이 끔찍한 병신 얼굴을 만들어도 좋다고 할 사람은 아무도 없었을 것이다. 그렇지만 사람들은 다리를 놓는다. 기사는 덧붙여 말했다.

"공공의 이익이란 개인의 이익이 모여서 이루어지는 것이고, 그 외의 것은 아무것도 아닙니다."

나중에 리비에르는 기사에게 대답했다.

"하지만 사람의 생명을 값으로 따질 수 없다고 하더라도, 우리는 늘 무엇인가 사람의 생명보다 더 값어치가 나가는 것이 있는 것처럼 행동하지요⋯⋯. 그런데 그것이 과연 무엇이겠습니까?"

이제 리비에르는 그 비행기의 탑승원들을 생각하니 가슴이 아파왔다. 행동, 다리를 놓는 행동조차 행복을 파괴할 것이다. 리비에르는 자기가 '무엇의 이름으로' 행동하는지 스스로에게 물어보지 않을 수 없었다.

그는 생각했다.

'어쩌면 죽을지도 모를 저 사람들은 행복하게 살 수도 있었을 텐데⋯⋯.'

그의 눈에는 저녁 무렵 램프의 황금빛 성전 안에서 머리를 숙이고 있었던 사람들이 떠올랐다.

'무엇의 이름으로 나는 그들을 거기에서 끌어냈을까?'

무엇의 이름으로 그는 저들을 행복에서 끄집어 빼왔을까? 가장 중요한 법이란 이 행복들을 보호하는 것이 아닐까? 그러나 자기 자신도 그것을 깨뜨리고 있는 것이다. 결국 행복의 성은 어느 날이고 반드시 신기루처럼 사라지고 마는 것이다. 늙음과 죽음은 리비에르 자신보다도 더 무자비하게 그것을 깨닫게 한다. 어쩌면 그것과 다른 무엇, 그리고 그것보다는 더 오래 지속되는 구해내야 할 무엇이 있을지도 모른다. 리비에르는 아마 사람의 그 몫을 구해내기 위해서 일하는지도 모른다. 그렇지 않다면 그의 행동은 존재의 이유가 없어지고 한다.

'사랑하는 것, 그저 사랑하기만 한다는 것은, 막다른 골목이 아니고 무엇이겠는가!'

리비에르는 사랑이라는 감정보다 더 큰 의무가 있음을 막연하게 깨닫고 있었다. 어쩌면 그것도 무슨 애정일 수 있겠지만, 다른 애정들과는 너무나도 다른 것이었다. 그는 불현듯 어떤 구절이 생각났다.

'저 금빛 성전들을 영원하게 만드는 것이 문제이다……'

그는 이 구절을 어디에서 읽었던가?

'그대가 그대 안에서 추구하는 것은 죽어 없어진다.'

그의 눈에는 페루의 고대 잉카족이 태양신을 위해 세웠던 신전이 떠올랐다. 산 위에 꼿꼿하게 세워진 돌기둥들. 그 돌기둥들이 없었다면 지금 인류에게 양심의 가책처럼 무겁게 내리누르는 위대한 문명에서 무엇이 남아 있겠는가?

'어떤 냉혹, 어떤 괴상한 사람의 이름으로 고대 민족들의 지도자가, 산 위에 그 신전을 쌓아올리도록 군중들에게 명령하여, 그들의 영원을 세워 놓게 만들었을까?'

리비에르는 또 음악당 주위를 돌아다니는 작은 도시의 사람들을 그려보았다.

'그런 행복, 그런 치장은……'

하고 그는 생각했다. 고대 민족의 지도자는 사람들의 고통을 애처롭게 생각하지 않았다 하더라도, 사람들의 죽음은 애처롭게 생각했다. 개인의 죽음이 아니라 모래바닥에 파묻혀 버릴 인류의 죽음을 말이다. 그래서 그는 사막이 파묻어 버리지 못할 돌기둥이나마 세우라고 자기의 백성들을 이끌고 갔던 것이다.

네 번 접은 이 종이 쪽지가 그를 구해줄지도 모른다. 파비앵은 이를 악물고 쪽지를 폈다.

'부에노스아이레스와는 통신이 불가능하다. 손가락이 감전되어서 무전기조차 조작할 수가 없다.'

파비앵은 화가 치밀어 회답을 쓰려고 했다. 그러나 글을 쓰려고 조종장치에서 손을 떼자, 거센 파도 같은 것이 그의 몸을 덮쳤다. 5톤이나 되는 금속 안에 있는데도, 돌풍은 그의 몸을 번쩍 들어올리고, 곤두박질까지 시켰다. 그는 회답 쓰는 것을 포기했다.

그는 다시 손을 움켜쥐고 파도를 피했다.

파비앵은 숨을 깊이 들이쉬었다. 만약 무전사가 뇌우 때문에 겁을 먹고 안테나를 추켜올리기라도 하면, 도착해서 그의 얼굴을 짓이겨 놓으리라고 생각했다. 그는 어떻게 해서든지 부에노스아이레스와 연락을 취해야 한다고 생각했다. 1천 4백 킬로미터 이상이나 떨어진 그 곳에서, 어둠의 심연 속에 빠진 그들에게 구원의 밧줄을 던져줄 수 있기라도 한 것처럼……. 그다지 도움은 되지 않지만, 등대불처럼 땅이 있다는 것을 증명해 줄 가물거리는 불빛 하나, 주막집 등불 하나도 보이지 않지만, 적어도 목소리 한마디, 이미 잃어버린 지구에서 들려오는 목소리 한마디만이라도 그는 듣고 싶었다. 조종사는 이런 비극적인 상황을 무전사에게 알리려고 주먹을 들어 붉은 램프를 흔들어 보였다. 하지만 무전사는 도시들이 파묻히고, 등불들이 꺼져 버린 쓸쓸한 공간을 내려다보느라 그것을 알아차리지 못했다.

파비앵은 어떠한 충고가 들려온다면, 무슨 충고라도 상관없이 따랐을 것이다. 그는 생각했다.

'누군가가 나더러 뱅뱅 돌라고 한다면, 나는 뱅뱅 돌겠다. 정남향으로 나아가라고 한다면……'

달그림자가 평화롭게 비치는 아늑하고 평화로운 땅이 어딘가 있을 것이다. 학자들처럼 지식이 풍부한 저 세상의 동료들은 그 땅을 잘 알고 있었다. 꽃처럼 아름다운 등불 아래에서 지도나 들여다보는 무한한 권능이 있는 동료들은 말이다. 그런데 그는 자기를 향하여 사태가 난 듯 빠른 속도로 그 시커먼 탁류를 밀어붙이는 돌풍과 어둠을 빼놓고는 무엇을 알고 있단 말인가? 두 사람을 구름 속의 이 물기둥, 이 불꽃 가운데에 그냥 내버려둔단 말인가? 그럴 수는 없는 것이다. 누가 파비앵에게

"기수를 2백4십도 방향으로……."

하고 명령하면, 그는 기수를 2백4십도 방향으로 돌릴 것이다. 그러나 그는 혼자였다.

그는 기체까지도 반항을 하고 있다고 생각했다. 비행기가 밑으로 빠질 때마다, 엔진이 어찌나 심하게 진동하는지 기체 전체가 화가 난 것처럼 부르르 떨었다.

파비앵은 조종석에 머리를 틀어박고 자이로스코프의 수평을 들여다보며, 비행기를 제어하려고 온 힘을 다했다. 왜냐하면 천지개벽 때의 암흑처럼 모든 것이 뒤섞인 어둠 속에 빠져 들어가서 밖을 보아도 어디가 하늘이고 어디가 땅인지 구분할 수가 없게 되었기 때문이다. 그러나 위

치를 가리키는 계기의 지침들이 점점 더 빨리 왔다갔다해서 숫자를 잡기가 힘들었다. 벌써 그 지침들에게서마저 저버림을 받은 조종사는 악전고투를 하는 가운데, 고도를 잃고 차츰 그 어둠 속으로 파묻혀 들어갔다. 그는 고도계의 숫자를 읽었다. 5백 미터였다. 그것은 야산과 나란한 높이였다. 산이 그를 향해서 눈이 핑핑 돌 것 같은 파도를 밀어붙이는 것 같았다. 작은 덩어리 하나만으로도 그를 으깨놓을 수 있을 땅 위의 모든 산이, 마치 볼트에서 너트가 빠져나오듯이 떨어져서 취한 듯자기를 둘러싸고, 알 수 없는 춤을 추며 바싹바싹 죄어오는 것 같았다.

파비앵은 최후의 결심을 했다. 부딪칠 때 부딪치더라도 어디든 착륙하겠다고 결심했다. 그는 산만이라도 피할 생각으로, 하나밖에 남지 않은 조명탄을 던졌다. 조명탄은 불꽃을 내고 빙빙 돌면서 평야를 비춰주고 꺼졌다.

그는 언뜻 생각했다.

'다 틀렸다. 40도나 오차를 고쳤는데도 벗어나고 말았다. 이건 회오리바람이다. 육지는 어디에 있단 말인가?'

그는 정서쪽으로 방향을 바꾸었다. 그는 생각했다.

'이제 조명탄도 없으니, 죽는 수밖에 없구나……'

언제고 한 번은 일어날 일이었다.

'그런데 저 뒤에 있는 동료는 어떻게 되었을까……? 틀림없이 안테나를 치웠을 거야.'

그렇지만 조종사는 그를 원망하지 않았다. 만일 조종사의 양손이 펴진다면, 그것만으로 그들의 생명은 먼지처럼 사라져 버릴 것이다. 자신의 양손에 동료와 자기의 심장이 쥐어져 있었다. 양손이 무서워졌다.

멧돼지처럼 몰아치는 돌풍 가운데에서 조종실의 동요를 누그러뜨리기 위해 그는 있는 힘껏 핸들을 움켜쥐었다. 그렇게 하지 않으면 동요 때문에 조종타가 끊어져 나갈 것이다. 그는 여전히 그것을 틀어쥐고 있었다. 그런데 너무 힘껏 틀어쥐었기 때문에 이제는 손에 아무런 감각도 없었다. 그는 그 손에 무슨 반응이라도 있을까 해서 손가락을 움직여 보았지만 역시나 손이 말을 듣는지조차 알 수가 없었다. 그런데 무엇인지 자기 몸의 부분이 아닌 것이 양팔 끝에 달려 있었다. 감각도 없고 흐느적거리는 장막이 말이다.

그는 생각했다.

'내가 잔뜩 움켜쥐고 있다고 생각해야겠다……'

그러나 자기의 생각이 손에까지 미치는지는 알 수 없었다. 그저 어깨가 아픈 것으로 조종실이 흔들리는 것을 알 수 있을 뿐이었다. 핸들이 손에서 빠져 나갈 것 같았다.

'이제 손이 펴질 것 같다……'

라고 그는 생각했다.

그러나 그는 이런 생각을 하는 것이 무서웠다. 왜냐하면, 이번에는 자기의 양손이 신비한 힘에 복종해서 어둠 가운데에 자기를 놓아 버리려고 살그머니 펴지는 것 같았기 때문이다.

그는 아직 싸움을 포기하지 않고 운을 시험해 볼 수 있었다. 외부에서 오는 불운은 없는 법이니까. 그렇지만 사람의 속에서 오는 불운은 자기가 약하다는 것을 느끼는 순간 찾아오는 것이며, 그렇게 되면 여러 가지 과오가 현기증과 같이 엄습하는 것이다. 그런데 바로 그 순간, 그의 머리 위에 별 몇 개가 폭풍우를 뚫고, 어살 속의 목숨을 노리는 미끼처럼 반짝였다.

그는 그것이 함정이라고 생각했다. 어떤 구멍에서 별 세 개를 발견하고, 그것을 향해 올라가면 금세 내려올 수가 없게 되어 그 자리에서 별을 물고 늘어지게 되는 것이다……

그러나 그는 빛이 목마르게 그리워서 올라가고 말았다.

파비앵은 폭풍우를 피해 가며 별이 가리키는 목표를 따라 올라갔다. 그는 희미한 자석에 이끌려갔다. 빛을 찾아 오랫동안 고생을 했기 때문에, 이제 아무리 희미한 빛이라도 놓치고 싶지 않았다. 주막집의 등불 하나만 보더라도 자기가 넉넉한 사람이라 생각하면서 그렇게도 갈망하던 표적의 둘레를 죽을 때까지 돌고 또 돌았을 것이다. 그런데 지금 그는 광명의 세계로 다시 올라가는 것일까? 위는 트이고, 올라가는 대로 밑은 다시 닫히는 우물 속에서 그는 빙글빙글 돌며 조금씩 위로 올라갔다. 그가 올라감에 따라 구름은 암흑의 흙탕이 가시어 점점 더 깨끗하고 흰 물결처럼 그의 코앞으로 다가왔다 지나가곤 했다. 파비앵은 점점 솟아올랐다.

그는 몹시 놀랐다. 어찌나 밝은지 눈이 부실 정도였기 때문이다. 그는 몇 초 동안 눈을 감아야 했다. 밤에 구름 때문에 눈이 부실 수 있으리라고는 생각하지 못했다. 바로 만월과 성좌들이 구름들을 그토록 반짝이는 파도로 만들었던 것이다.

솟아오르는 바로 그 순간, 비행기는 이상할 정도로 평온해졌다. 비행기를 기울게 하는 파도 하나 없었다. 둑을 넘어가는 거룻배처럼 비행기는 고요한 물로 들어서는 것이었다. 행복한 섬의 물굽이처럼 알지 못하는 하늘의 숨어 있는 한 부분으로 접어든 것이었다. 폭풍우는 비행기 아래에서는 광풍, 물기둥, 번개가 휘몰아치는 두께 3천 미터의 별세계를 이루고 있지만, 별을 향해서는 수정과 같은 얼굴을 하고 있었다.

파비앵은 이상한 세계에 들어섰다고 생각했다. 왜냐하면, 그의 손, 옷, 비행기의 날개 할 것 없이 모두 빛나고 있었기 때문이었다. 빛은 천체에서 나오는 것이 아니라, 그의 아래쪽과 주위에 한없이 쌓여 있는

새하얀 물체에서 나오는 것이었다.

그의 밑에 있는 구름은 달에서 받은 눈처럼 하얀 빛을 반사시켰다. 탑처럼 높이 솟은 양옆의 구름도 마찬가지였다. 젖빛 같은 광명이 사면으로 흐르는 가운데, 비행기와 탑승원은 모두 거기에 몸을 담그고 있었다. 파비앵이 돌아보니 무전사가 싱글벙글 웃고 있었다.

"이제 좀 나아졌군요."

하고 그가 소리쳤다.

그러나 그의 목소리는 엔진의 폭음에 묻혀 들리지 않고, 미소만이 상대방에게 전해졌다.

'우리가 살 길이 없는데 웃다니, 내가 미쳐버릴 것만 같아.'

하고 파비앵은 생각했다.

하지만 그는 그를 붙잡았던 수천 수백의 암흑의 팔에서 놓여났던 것

이다. 죄수의 팔에서 포승을 풀고, 잠시 동안 꽃밭을 마음대로 걸어다니도록 내버려두는 것처럼, 그를 옭아맸던 줄이 풀어졌다.

'너무 근사해.'

하고 파비앵은 생각했다.

파비앵은 보석처럼 **빽빽**하게 박혀 있는 별들 사이를, 자신과 그의 동료밖에는 살아 있는 것이라곤 없는 세계에서 방황하고 있었다. 그들은 옛날 이야기에 나오는, 다시는 나올 수 없는 마을의 보물창고에 갇혀 있는 도둑들과도 같은 처지였다. 무한한 재화를 안은 채, 사형선고를 받은 몸으로 그들은 차디찬 보석의 세계를 방황하고 있는 신세였다.

파타고니아 선의 기항지인 코모도로리바다비아의 무전사 한 사람이 갑자기 몸짓을 했다. 그러자 그 비행장 안에서 아무 소용도 없이 밤을 새우고 있던 사람들이 모두 그의 주위로 몰려들었다.

그들은 강한 광선을 받고 있는 백지 한 장을 들여다보았다. 무전사의 손은 여전히 망설이고 있었고, 연필은 흔들리고 있었다. 무전사의 손은 아직도 글자를 붙잡고 있었지만, 손가락은 부들부들 떨리고 있었다.

"폭풍우요?"

무전사는 머리로 '그렇다'고 표시했다. 천둥이 전파에 섞여서 그가 청취하는 것에 방해가 되었다.

그리고 그는 알아볼 수 없는 기호 몇 개를 적었다. 그것으로 몇 마디 말을, 그런 다음에는 문장 하나를 꾸밀 수 있었다.

'폭풍우의 상공 3천8백 미터에 갇혀 있음. 바다로 불려갔었으므로 육지를 향해 정서쪽으로 비행 중임. 아래쪽은 전부 구름에 가려 있음. 아직도 해상을 비행하는지는 알 수 없음. 폭풍우가 내륙까지 뻗쳤는지 통고 바람.'

뇌우 때문에 부에노스아이레스까지 전보를 전하는 데에는 이 무전국에서 저 무전국까지 릴레이를 펼쳐야 했다. 전보는 이 탑에서 저 탑으로 차례차례 올려지는 봉화처럼 밤을 뚫고 달렸다.

부에노스아이레스는 이런 답전을 보내달라고 했다.

"내륙 전체에 폭풍우가 엄습했음. 휘발유는 얼마나 남았는가?"

"반 시간분."

이 통보는 또다시 이 무전국에서 저 무전국으로 차례차례 올라가서 부에노스아이레스에 이르렀다.

비행기 탑승원은 30분 안에 그들을 땅바닥에까지 밀어내려 줄 회오리바람 속으로 빠져 들어갈 운명에 놓여 있었다.

한편, 리비에르는 깊은 생각에 잠겨 있었다. 그는 이미 희망을 버렸다. 저 탑승원들은 어둠 속 어딘가로 빠져 들어가고 말 것이다.

리비에르는 그가 어렸을 때 깊은 충격을 받았던 한 장면을 떠올렸다. 시체를 찾아내느라고 사람들이 연못의 물을 빼고 있었다. 이번에도 역시 땅 위에서 이 암흑의 덩어리가 흘러가 버리고, 햇빛을 받아 모래밭과 평야와 밀들이 다시 모습을 드러내기 전에는 아무것도 발견되지 않을 것이다. 어쩌면 팔꿈치를 구부려 얼굴을 가리고 잠자는 것 같은 어린이 둘이 고요한 물 속에서 수풀과 금빛 모래 위에 밀려나와 있는 것을, 순박한 농부가 발견할지도 모른다. 그러나 그들은 밤에 빠져 죽었을 것이다.

리비에르는 옛날 이야기에 나오는 바닷속처럼 밤의 심연 속에 파묻혀 있는 보물들을 생각했다. 꽃이 활짝 핀 모습으로 날이 새기를 기다리는 그 사과나무를 생각했다. 향기가 가득 차고, 잠든 어린 양들과 아직은 빛깔이 보이지 않는 꽃을 가득 지닌 밤은 부유하고 풍요롭다.

차츰차츰 기름진 밭이랑과 촉촉하게 젖은 숲과 싱싱한 거여목들이 해를 향해 올라올 것이다. 그러나 이제는 해를 끼치지 않게 된 산들과 목장과 양들을 벗삼아 세상의 지혜 속에서 두 어린이는 잠이 든 것처럼 보일 것이다. 그러고는 무엇인가가 볼 수 있는 이 세상에서 저 세상으로 흘러가 버렸을 것이다.

리비에르는 파비앵의 아내가 걱정이 많고 상냥한 것을 알고 있었다. 이 사랑은 가난한 어린이에게 장난감을 빌려준 것처럼, 그녀에게 빌려준 것뿐이다.

리비에르는 아직 몇 분 동안은 조종간에 자기의 운명을 걸고 있을 파비앵의 손을 생각했다. 애무를 했던 그 손을, 어떤 가슴 위에 얹혀서 신의 손처럼 그 가슴을 설레게 했던 그 손을, 어떤 얼굴 위에 얹혀서 그 표정을 변화시켰던 그 손을, 기적을 이루던 그 손을 생각했다.

파비앵은 구름바다의 화려한 밤하늘을 방황하고 있지만, 그 밑에는 영원이 가로놓여 있다. 그는 자기 혼자만이 사는 성좌들 사이에서 길을 잃고 헤매고 있다. 그는 아직은 세상을 양손에 쥐고, 그것을 가슴에 대고 흔든다. 그 조종간에 인간의 재화를 움켜쥐고, 아무래도 돌려주어야 할 쓸데없는 보물을 필사적으로 끌고 이 별에서 저 별로 돌아다니고 있는 것이다…….

리비에르는 아직도 어떤 무전기가 파비앵의 목소리를 듣고 있다고 생각했다. 파비앵을 아직도 세상과 연결시켜 주는 것은 오직 음악적인 음파, 짧은 억양뿐이다. 신음 소리 하나 없다. 오직 절망만이 낼 수 있는 가장 깨끗한 음이 있을 뿐이다.

로비노가 그를 고독 속에서 구해 주었다.

"지배인님, 제 생각에는요……. 이렇게 하면 어떨까요?"

그는 어떻게 하자고 제안할 만한 것은 아무것도 없었다. 다만 작은 그의 성의를 표시하는 것이었다. 해결책을 발견하는 것이 그의 지극한 소망이었고, 그래서 수수께끼라도 풀듯이 해결책을 찾아보았던 것이다. 하지만 리비에르는 그가 발견한 해결책을 들어주는 법이 없었다.

"이것 봐요, 로비노. 인생에는 해결책이 없어요. 움직이는 힘이 있을 뿐이지요. 그것을 창조해야 하오. 그렇기만 한다면 해결책은 저절로 따라오니까요."

로비노는 자기의 역할을 그저 기계공들 사이에 활동적인 힘을 주는 데에만 그치고 있었다. 그래서 이 별볼일 없는 힘으로 프로펠러 보스에 녹이 슬지 않게 되는 것이었다.

그러나 오늘 밤 사건을 당하자 로비노는 무력해졌다. 감독이라는 그의 직함은 폭풍우에 대해서도, 허깨비 같은 탑승원에 대해서도 아무 권한이 없었다. 그 탑승원들은 이제는 정말 정근상을 타기 위해서가 아니라, 로비노의 처벌을 취소할 수 있는 유일한 방법인 죽음에서 빠져나오려고 몸부림을 치며 싸우고 있었다. 그래서 이제 쓸모 없어진 로비노는 하릴없이 사무실 안을 서성거리고 있었다.

파비앵의 아내가 면회를 청했다. 그녀의 얼굴은 사색이 되어 있었다. 그녀는 사무원들의 방에서 리비에르가 만나 주기를 기다리고 있었다. 사무원들은 힐끔힐끔 그녀를 훔쳐보았다. 그녀는 그것이 부끄러워서 불안한 눈빛으로 주위를 둘러보았다. 사무실 안에 있는 모든 것이 그녀를 달갑게 여기지 않았다. 시체를 밟고 나아가듯 일하는 이 사람들이 그랬고, 사람의 죽음이나 고통도 무정한 숫자의 찌꺼기밖에는 남겨놓지 못하는 서류들이 그랬다. 그녀는 파비앵의 이야기를 전해주는 그 무엇인가가 있을까 하고 찾아보았다. 집에 있는 침구, 준비해 놓은 커피, 꽃다발……. 모든 것이 파비앵의 부재를 보여주는 것이었다. 하지만 사무실 안에서는 그 무엇도 찾을 수가 없었다. 모두가 동정, 우정, 추억에 반대되는 것이었다. 사무실 안에서는 누구도 그녀 앞에서 큰 소리로 말하지 않았다. 그녀가 들은 말이라곤 어떤 사무원이 명세서를 달라고 내뱉은 욕설이었다.

"빌어먹을! 산투스에 보낼 발전기의 명세서는 어디 있어?"

그녀는 몹시 놀라 그 사무원을 쳐다보았다. 그리고 지도가 걸려 있는 벽을 보았다. 그녀의 입술은 보일 듯 말 듯 바르르 떨렸다. 그녀는 자신이 이 곳에서 불편한 존재임을 깨닫고 마음이 몹시 거북스럽고 후회가 되어서 숨어 버리고 싶은 심정이었다. 그래서 사람들의 주의를 끌까 봐 기침도, 울음도 참았다. 그녀는 마치 자기가 있어서는 안 되는 곳에 있는 것같이, 사리에 맞지 않는 행동을 하는 것같이, 벌거벗은 몸으로 있는 것같이 생각되었다. 그렇지만 그녀의 진실은 너무도 강하게 얼굴에 드러나 사람들의 눈길은 끊임없이 그녀에게로 모아졌다. 그 모습은 너무나 아름다워서 남자들에게 행복의 신성한 세계를 보여 주었다. 그녀는 무의식 중에 하는 사람의 행동이 얼마나 숭고한 물건을 손상시킬 수 있는지를 보여 주는 것이었다. 이렇게 많은 사람들의 시선을 한 몸에 받으며, 그녀는 눈을 감았다. 그녀는 무의식 중에 사람이 어떠한 평화를 무너뜨릴 수 있는가를 보여 주었다.

리비에르는 그녀를 만나 주었다.

그녀는 쭈뼛거리면서, 자기의 꽃, 준비해 놓은 커피, 자기의 젊은 육체에 대해서 호소하였다. 그리고 난 후, 한층 더 냉랭한 이 사무실 안에서 그녀의 입술은 또다시 가냘프게 떨리기 시작했다. 그녀는 이 곳에서는 자기 자신의 진실을 설명하기가 어렵다는 것을 깨달았다. 그녀 안에서 일고 있는 거의 야성적이라고도 할 만큼 격렬한 사랑이 이 곳에서는 귀찮고 이기적인 모습을 띠고 있는 것같이 느껴졌다. 그녀는 도망이라도 치고 싶었다.

"제가 방해가 되지요?"

"부인, 아닙니다. 하지만 부인이나 저나 기다리는 것밖에는 다른 방법이 없군요."

그녀는 어깨를 약간 으쓱했다.

리비에르는 그 의미가 무엇인지 알고 있었다.

'나를 기다리고 있는 그 등불, 준비해 놓은 식사, 꽃들이 무슨 소용이 있겠어요…….'

하는 뜻이었다. 언젠가 어느 젊은 어머니가 리비에르에게 고백한 적이 있었다.

"제 아들이 죽은 것을 저는 아직 이해하지 못했어요. 가장 참기 어려운 것은 오히려 사소한 물건들 때문이에요. 눈에 띄는 그 아이의 옷

가지, 밤에 잠에서 깨면 가슴속에 끓어오르는 애정, 이제는 제 가슴처럼 소용이 없어진 그 애정 같은 것 말이에요……."

이 여자에게도 파비앵의 죽음은 내일부터 실감되기 시작할 것이다. 이제는 쓸데없게 된 행동 하나하나에, 물건 하나하나에. 파비앵은 자기 집을 천천히 떠날 것이다. 리비에르는 마음속으로 깊은 동정을 느꼈다.

"부인……."

젊은 여인은 자기의 힘이 얼마나 큰지를 알지 못한 채, 겸손하다고까지 할 미소를 띠고 물러갔다.

리비에르는 약간 침울한 기분으로 의자에 앉아 있었다.

'그렇지만 그녀는 내가 찾던 것을 발견하는 데 도움이 되었어…….'

그는 건성으로 북쪽 비행장들에서 온 전문들을 건성으로 만지작거렸다. 그는 생각했다.

'우리는 우리 자신이 영원하기를 바라는 것이 아니라, 다만 행동과 사물이 갑자기 그 의미를 잃는 것을 보지 않기를 바라는 것이다. 그러면 우리를 둘러싸고 있는 쓸쓸함이 눈앞에 나타나서…….'

그의 눈길이 전문 위에서 멈췄다.

'이제는 아무런 의미가 없는 이 보고들, 이것을 거쳐서 우리들 사이로 죽음이 뚫고 들어오는 것이다…….'

그는 로비노를 바라보았다. 지금은 아무 쓸모도 없고 의미도 없어진 이 평범한 남자. 리비에르는 우락부락한 말씨로 그에게 말했다.

"내가 이래라저래라 하고 일일이 일러주어야 되겠소?"

그런 다음, 리비에르는 사무원들의 방 쪽으로 난 문을 밀고 들어섰다. 그러자 그는 파비앵 부인이 알아볼 수 없었던 도표에서 파비앵의 실종을 명백하게 확인할 수 있었다. 파비앵의 탑승기 RB903호의 카드가 벌써, 벽에 걸린 도표의 사용 불능 기재란에 꽂혀 있었던 것이다.

유럽행 우편기의 서류를 준비하던 사무원들은, 출발이 늦어지리라는 것을 알고 일을 제대로 하고 있지 않았다. 비행장에서는 아무런 목적도 없이 밤샘을 하고 있는 지상 근무원들을 어떻게 해야 되겠냐는 전화가 걸려왔다. 생명의 활동이 느려졌다.

'이것이야말로 죽음이다!'

하고 리비에르는 생각했다. 그의 사업은 바람이 잠든 바다 위에 정지한 범선과도 같았다.

로비노의 목소리가 들려왔다.

"지배인님, 그들은 결혼한 지 6주밖에 안 되었습니다……."

"가서 일이나 하시오!"

리비에르는 여전히 사무원들을 바라다보고 있었다. 그리고 사무원들 저쪽에는 인부들, 기계공들, 조종사들의 모습이 보였다. 모두 건설자라는 신념을 가지고 자기의 사업을 도와준 사람들이었다. 그는 '섬들' 이야기를 듣고 배를 만들던 옛날의 작은 도시들을 생각했다. 그 배에 자기들의 희망을 싣기 위해서, 그리고 자기들의 희망이 바다 위에 돛을 펼치는 것을 보기 위해서. 한 척의 배 덕분에 모두가 성장하여 모두가 자기 자신에게서 벗어나 해방되어서 말이다.

'목적은 어쩌면 아무것도 증명 못할지 모르지만, 행동은 죽음에서 해방시켜준다. 그 사람들은 자신들의 배로 인해 영원히 살아 있는 것이다.'

리비에르 역시 죽음에 대항하여 싸울 것이다. 그 때 저기 쌓인 전문의 진정한 의의를 깨닫게 될 것이고, 밤을 새는 기계공들에겐 걱정을, 그리고 조종사들에겐 그들의 마음이 쓰리도록 아픈 목적을 들려주게 될 것이다. 그 때야 비로소 생명은, 마치 바람이 범선을 바다 위로 달리게 하듯이, 이 사업을 다시 생기 있게 해줄 것이다.

코모도로리바다비아 무전국에서는 이제 아무것도 들리지 않다. 그러나 거기서 1천 킬로미터 떨어진 바이아블랑카 무전국에서는 20분 후에 제2보를 들었다.

"내려감. 구름 속으로 들어감……."

그런 다음, 분명하지 않은 어떤 문구 중에서 이 두 마디만이 트렐레우 무전국에 나타났다.

"…… 아무것도 보이지……."

단파란 이런 것이었다. 저쪽에서는 들리는데, 이쪽에서는 들리지 않는다. 그러다가 아무런 까닭 없이 모두 변한다. 어디에 있는지 알 수 없는 그 탑승원들이 공간과 시간을 초월해서 세상 사람들에게 존재를 알리는 것이었다. 그리고 무전국의 백지 위에는 이미 유령들이 글을 쓰고 있는 것이다.

휘발유가 떨어진 건가, 그렇지 않으면 엔진이 멎기 전에 조종사가 격돌하지 않고 착륙한다는 최후의 카드를 던지는 것일까?

부에노스아이레스 무전국의 목소리가 트렐레우에 명령한다.

"그것을 물어 보시오."

무전국의 수신실은 실험실과 비슷하다. 니켈, 구리, 그리고 전압계와 얼기설기 얽힌 전선. 밤샘하는 기사들은 하얀 작업복을 입고 묵묵히, 어떤 간단한 실험이라도 들여다보는 것 같다.

그들은 조심스러운 손놀림으로 기계를 만지고, 금광맥을 찾는 탐광가들처럼 자기를 품은 하늘을 수사하고 탐지한다.

"응답이 있어요?"

"응답이 없습니다."

살아 있다는 표시가 될 음이 들려올지도 모른다. 비행기와 현등이 별들 사이로 다시 올라오면, 별들이 부르는 노래가 들려올지도 모른다…….

시간이 피처럼 흘렀다. 아직도 비행은 계속되는가? 1초 1초가 행운을 빼앗았다. 그러니까 흐르는 시간은 파괴되는 것같이 생각되었다. 20세기 동안 시간이 신전을 무너뜨리고, 화강석 사이로 길을 내어 신전을 먼지로 만들어 날려 버리는 것처럼, 이제 여러 세기의 소모가 1초 1초 안에 쌓여 탑승원들을 위협하는 것이다.

1초 1초가 파비앵의 목소리와 웃음을, 그리고 미소를 빼앗아 갈 것이다…….

침묵이 바다의 무게처럼 탑승원들 위에 자리를 잡아, 점점 더 무거워졌다.

그 때, 누군가가 주위를 환기시켰다.

"1시간 40분. 휘발유가 떨어졌다. 아직까지 비행하고 있을 수는 없다."

그리고 조용해졌다.

무엇인지 모를 씁쓸하고 싱거운 것이, 여행이 끝날 때처럼 입술로 올라왔다. 아무것도 알 수 없는 어떤 일이, 좀 메스꺼운 어떤 일이 일어났다. 이 얼기설기 얽힌 니켈과 이 구리줄들 사이에서, 사람들은 폐허가 된 공장에 떠도는 그 서글픔을 맛보았다. 이 기계들은 모두 둔중하고, 쓸데없고, 용도가 바뀐 것처럼 보였다. 죽은 나뭇가지의 무게 같았다.

몇 시간 있으면 아르헨티나 전체에 해가 떠오를 것이다. 그러면 이 사람들은 해변 모래사장에서 천천히 끌어올리지만, 무엇이 들어 있을지 알지 못하는 그물을 바라보듯 자리에 꼼짝 않고 머물러 있을 것이다.

사무실에 들어앉은 리비에르는 운명이 인간을 해방시켜 줄 때, 크나

큰 참사가 있어야만 느낄 수 있는 휴식을 맛보았다. 그는 한 지방 전체의 경찰을 동원시키도록 했다. 이제 더 이상 아무것도 할 수가 없었다. 그저 기다리기만 할 뿐이다.

그러나 초상집에서도 질서는 유지되어야 한다. 리비에르는 로비노에게 눈짓을 했다.

"북쪽 기항지들에 전보를 치시오. '파타고니아 선의 우편기는 상당히 연착될 것으로 예상됨. 유럽행 우편기의 출발을 더 이상 지체시키지 않기 위해 파타고니아 우편물은 다음 번 유럽행 우편기 편에 보내겠음.' 이라고."

그는 몸을 약간 앞으로 구부리며 애써 무엇인가를 생각해 냈다. 그것은 중대한 일이다. 아! 그렇지. 그래서 잊어버리지 않으려고.

"로비노."

"네?"

"주의서를 하나 만드시오. 조종사들이 엔진을 1천9백 회 이상 회전시키지 못하도록. 엔진을 망쳐놓거든요."

"알았습니다."

리비에르는 몸을 조금 더 구부렸다. 그는 무엇보다도 혼자 있고 싶었다.

"자, 로비노, 이제 그만 나가 주시오……."

로비노는 궂은 일을 당하고도 침착함을 잃지 않는 리비에르의 태도에 몹시 놀랐다.

로비노는 침울한 기분으로 사무실 이곳 저곳을 돌아다녔다. 2시에 떠날 예정이던 우편기의 출발이 중지된 채, 날이 밝아서야 출발하게 될 테니 이제 회사의 생명은 끝이 난 셈이었다. 무표정한 사무원들이 아직

밤샘을 하고 있었지만, 그것은 소용없는 것이었다. 북쪽 기항지에서 오는 보안 전문을 아직도 규칙적으로 받고는 있지만, '쾌청', '만월', '무풍' 따위의 것들은 불모의 왕국의 환상을 불러일으키는 것이었다. 달빛과 황량한 들판.

로비노가 아무 생각 없이 과장이 쓰던 서류를 뒤적거리고 있으려니까 과장이 자기 앞에 서서 당돌하게 경의를 표하며 서류를 돌려주기를 기다리고 있었다.

"알고 싶은 것이 있으면 말씀해 보십시오. 제게 다⋯⋯."

이렇게 말하는 듯한 태도였다. 아랫사람의 이런 태도가 감독의 비위에 거슬렸다. 그러나 대꾸할 말이 생각나지 않았다. 약이 오른 채 서류를 감독에게 돌려주었다. 과장은 아주 거드름을 부리며 자기 자리에 앉았다.

'저자의 목을 잘랐어야 했어.'

하고 로비노는 생각했다. 로비노는 체통을 지키느라고 그날 밤의 참극을 생각하며 몇 걸음 걸었다. 이 참극 때문에 회사의 어떤 정책이 거부당하게 되리라 생각하며, 로비노는 이중의 슬픔을 맛보아야 했다.

그리고 저기 제 사무실에 틀어박혀 있는 리비에르의 모습이 머리에 떠올랐다. 리비에르는 그를 '이 사람'이라고 불렀었다. 어떤 사람도 이렇게 지지를 받지 못한 적은 일찍이 없었다. 로비노는 지배인이 몹시 가엾게 느껴졌다. 그는 은근히 동정하고 위로하는 데 쓰는 구절을 몇 마디 생각해 보았다. 매우 아름답다고 생각되는 어떤 감정이 그에게 생기를 주었다. 그래서 가볍게 노크했다. 대답은 없었다. 너무 고요해서 더 세게 노크할 엄두는 나지 않아 문을 밀고 들어갔다. 리비에르는 거기에 있었다. 로비노가 이렇게 리비에르의 방을 서슴없이, 동등한 입장이라는 기분으로 들어가는 것은 이번이 처음이었다. 마치 싸움에 지고 달아나는 와중에 탄알이 비 오듯 쏟아져 부상당한 장군에게 달려가는 기분이었다.

'무슨 일이 일어나든 나는 당신 편이다.'
라고 로비노는 말하고 싶었다. 리비에르는 아무 말도 없이 고개를 숙이고 자기 손을 들여다보고 있었다.

로비노는 그 앞에 우두커니 선 채 무슨 말을 꺼낼지 엄두를 못 내고 있었다. 사자는 잡혀 있어도 역시 무서웠다. 로비노는 더 충성어린 말을 준비했다. 그렇지만 눈을 뜰 때마다, 깊숙이 숙인 반백의 머리와 몹시도 슬프게 꼭 다문 입술과 마주쳤다.

마침내 그는 말을 꺼냈다.

"지배인님……."

리비에르는 얼굴을 들어 그를 쳐다보았다. 그는 깊은 명상에서 깨어난 길이라 어쩌면 아직도 로비노가 앞에 있는 것을 깨닫지 못하는지도 몰랐다. 그가 무슨 생각을 했는지, 무엇을 느꼈는지, 마음속에 어떤 슬픔을 안고 있는지는 아무도 알 수가 없었다. 그는 로비노를 어떤 사건의 산 증인처럼 오랫동안 쳐다보았다. 로비노를 쳐다보면 볼수록, 그의 입술에 이해할 수 없는 아이러니가 나타났고, 로비노는 얼굴을 붉혔다. 그러니까 리비에르에게는 점점 더, 로비노가 감격할 만한 호의, 그리고 불행하게도 자발적으로 우러나오는 호의를 가지고 인간의 어리석음을 증명하려고 여기 온 것같이 생각되었다.

로비노는 당황했다. 중사도, 장군도, 탄알도 이미 소용이 없게 되었다. 무엇인지 설명할 수 없는 일이 일어나고 말았다. 리비에르가 여전히 그를 쳐다보고 있었다. 그러자 로비노는 얼떨떨한 상태에서 자기의 태도를 조금 고쳐, 왼쪽 주머니에서 손을 뺐다. 리비에르가 여전히 그를 쳐다보자 로비노는 왠지 모르게 몹시 거북한 태도로 말을 꺼냈다.

"명령을 받으러 왔습니다."

리비에르는 시계를 꺼내 보고, 그저,

"지금이 두 시오. 아순시온 우편기가 두 시 10분에 착륙하오. 그러니까 유럽행 우편기를 두 시 15분에 이륙시키도록 하시오."

하고 말했다.

로비노는 야간 비행이 중지되지 않는다는 놀라운 소식을 퍼뜨렸다. 그런 다음 로비노는 과장을 보고,

"검사를 할 테니 서류 뭉치를 가져오시오."

라고 말했다.

그리고 과장이 그의 앞에 와서 서자, 그가 말했다.

"기다리시오."

그래서 과장은 기다렸다.

아순시온 우편기에서 곧 착륙한다고 알려왔다. 리비에르는 그 가장 고약한 상황을 당하는 시간에도, 전문을 한장 한장 훑어보며, 이 우편기의 순조로운 비행을 지켜보았다. 그로서는 이것이 오늘 밤의 혼란에 대한 신념의 복수요 증거였다. 이 순조로운 비행은 그 전문으로, 무수히 많은 다른 순조로운 비행을 예고해 주는 것이었다.

'대회오리바람은 매일 밤 있는 것은 아니다. 길을 한번 닦아놓은 이상, 계속하지 않을 수는 없지.'

라고 리비에르는 생각했다.

아름다운 꽃이 활짝 피어 있어 풍요롭고 사랑스런 정원이랑, 야트막한 집들을 끼고, 유유히 흐르는 강물을 따라 내려오듯, 비행기는 파라과이에서 이 비행장 저 비행장을 거쳐 내려오며, 별 하나 흐르지 않는 대회오리바람권 밖을 미끄러져 오고 있었다. 여행용 담요를 두른 여객 아

홉 명은 자기 자리 옆에 있는 유리창에 이마를 대고, 보석이 가득 들어 있는 진열장을 들여다보듯 밖을 내다보았다. 왜냐하면 아르헨티나의 작은 도시들이 밤 속에 별세계 도시 아래에 창백한 황금빛 등불을 주르르 늘어놓고 있었기 때문이다. 기수에 있는 조종사는 산양을 지키는 목자처럼 달빛을 가득 받은 두 눈을 크게 뜨고, 귀중한 인명의 짐을 두 손으로 받쳐들고 있었다. 벌써 부에노스아이레스의 그 장밋빛 불이 지평선을 환하게 물들였다. 이제 얼마 안 있으면 옛날 이야기에 나오는 보물처럼 그 도시의 보석들이 모두 빛날 것이다. 무전사는 손가락으로 최후의 전보를 치고 있었다. 그것은 무전사가 하늘을 날아오며 흥겹게 친 듯했고, 그리고 리비에르에게는 그 뜻이 통하는 어떤 소나타의 마지막 몇 소절을 치기라도 하는 듯했다. 그리고 안테나를 올리고 약간 기지개를 켜고, 하품을 하고, 빙그레 웃었다. 다 도착한 것이다.

착륙한 후, 조종사는 유럽행 우편기의 조종사가 양손을 주머니에 찌르고 자기 비행기에 기대어 서 있는 것을 보았다.

"자네가 가나?"

"응."

"파타고니아는 왔나?"

"기다리지 않기로 했어. 행방불명이야. 날씨는 좋은가?"

"아주 좋은 날씨야, 그런데 파비앵은 행방불명인가?"

그들은 거기에 대한 이야기는 별로 하지 않았다. 깊은 동지애는 말을 필요 없게 하는 것이다.

아순시온에서 유럽으로 가는 우편 자루들을 유럽행 우편기에 옮겨 싣는 동안 조종사는 여전히 꼼짝도 않고 목덜미를 기체에 댄 채, 별들을 우러러보고 있었다. 그는 내부에서 어떤 위대한 힘이 샘솟는 것을 느꼈고, 큰 즐거움이 솟구쳤다.

"다 실었어? 그럼 스위치."

하는 목소리가 들렸다.

조종사는 까딱도 하지 않았다. 그는 엔진에 발동을 걸고 있었다. 조종사는 비행기에 기댄 자기의 어깨에 비행기가 생동하는 것을 느낄 것이다. 떠난다, 안 떠난다……. 하고 그렇게도 헛소문이 많이 떠돈 뒤에 조종사는 마침내 안심이 되었던 것이다. 약간 벌어진 입으로 그의 이가 맹수의 이빨처럼 달빛에 반짝였다.

"조심하게, 밤이니까, 응?"

그에게는 동료의 충고가 들리지 않았다. 양손을 주머니에 찔러 넣고, 구름과 산과 강과 바다를 향해 머리를 젖힌 채, 소리 없이 웃기 시작했다. 조용한 웃음이었지만 나뭇잎을 흔드는 미풍처럼 그의 안에 나타나 그를 흔들어 놓는 웃음이었다. 그것은 저 구름들보다도, 산과 강과 바다들보다도 훨씬 강한 웃음이었다.

"어찌된 셈이야?"

"그 바보 같은 리비에르 자식이 말이야……. 내가 무서워하는 줄 안단 말이야!"

잠시 후면, 비행기가 부에노스아이레스 하늘을 지나갈 것이다. 싸움을 다시 시작하는 리비에르는 비행기의 폭음이 듣고 싶었다. 별세계를 행군하는 군대의 굉장한 발소리처럼, 폭음을 일으키며 부르릉거리다가 사라지는 것을 듣고 싶었던 것이다.

리비에르는 팔짱을 끼고 사무원들 사이를 지나갔다. 유리창 앞에 가서 발을 멈추고 귀를 기울여 폭음을 듣고는 생각에 잠겼다.

만일 그가 단 한 번이라도 출발을 중지시켰다면, 야간 비행기의 명분은 서지 못했을 것이다. 그러나 내일 리비에르를 비난할 저 마음 약한 자들을 앞질러, 리비에르는 또 한 패의 탑승원을 밤 속으로 내보낸 것이다.

승리니, 패배니 하는 말들은 전혀 의미가 없었다. 생명은 이 상징들 밑에 있으면서 벌써 또 다른 상징을 준비하고 있었다. 승리는 한 국민을 약하게 만들고, 패배는 또 다른 국민을 각성시킨다. 리비에르가 맛본 패배는 어쩌면 참된 승리를 더 가까이 가져다 주는 약속일지도 모른다. 중요한 것은 오직 전진뿐이다.

5분 후면, 무전국들이 각 기항지에 경보를 발할 것이다. 1만 5천 킬로미터에 걸쳐 생명의 약동이 모든 문제를 해결해 줄 것이다.

벌써 '비행기'라는 파이프 오르간의 노랫소리가 울려 퍼진다.

리비에르는 그의 엄한 시선 앞에 몸을 굽히는 사무원들 사이를 천천히 걸어 자기 일터로 돌아간다. 크나큰 승리를 안고 있는 위대한 리비에르, 승리자 리비에르.

작품 알아보기
(장편문학)

〈**어린 왕자**〉는 비행기 고장으로 사막에 불시착한 '나'가 머나먼 별에서 우주 여행을 온 어린 왕자와 만나면서 이야기가 시작된다. 때묻지 않은 어린아이의 눈으로 보는 어른들의 세계는 모순투성이에다 어리석기 짝이 없는 일로 가득차 있다. 이 작품은 어린 왕자의 고독한 여행과 새로운 만남을 통해 인간이 갖고 있는 근원적인 고독을 극복하는 과정을 그린, 어른들을 위한 동화라고 할 수 있다.

〈**야간 비행**〉은 부에노스아이레스를 중심으로 한 남아메리카의 우편비행 사업에 직접 참가했던 작가가 그 체험을 바탕으로 쓴 작품이다. 이 사업의 책임자 리비에르는 악천후에도 불구하고 비행을 강행시킨다. 별안간 비행기가 폭풍우로 인해 난항 중이라는 보고가 들어오고 비행기는 폭풍과 구름 밖에 있는 별과 달의 세계에서 지상과의 교신이 두절된다. 리비에르는 불길한 예감에 사로잡히지만 모든 인간적인 감정을 억제하며 대처한다. 작가는 자신의 비행 체험을 바탕으로 폭넓은 세계 인식과 깊은 명상, 순수하고 고귀한 인간애를 시적 서정성으로 표출하였다.

논술 길잡이
(장편문학)

❶ 다음 그림은 어린 왕자가 풀밭에 엎드려 눈물을 흘리는 장면이다. 어린 왕자가 왜 눈물을 흘렸는지에 대해 써 보자.

....

....

....

....

....

논술 길잡이
(장편문학)

❷ 어린 왕자와 처음 만난 여우는 "너와 나는 놀 수 없어. 왜냐하면 나는 길들여지지 않았거든." 하고 말한다. 여기서 '길들여진다' 는 것이 무엇을 의미하는지 각자의 생각을 써 보자.

....

....

....

....

❸ 〈어린 왕자〉에서 주인공인 '나' 는 어린 왕자에게 그려 준 양의 굴레에 가죽끈을 달아 주지 않은 것을 걱정한다. 그 이유를 적어 보자.

....

....

....

....

논술 길잡이
(장편문학)

❹ 〈야간 비행〉에 나오는 다음 인물들을 통해 각자의 성격을 파악해 보고, 그 근거를 찾아 써 보자.

등장 인물	성 격	근거(말이나 행동)
파 비 앵		
펠 르 랭		
리비에르		
로 비 노		

논술 길잡이
(장편문학)

❺ 항공사 지배인 리비에르가 '위대한 승리자'로 인정받게 된
까닭이 무엇인지 써 보자.

_____

_____

_____

_____

_____

❻ 작가 생텍쥐페리가 〈야간 비행〉을 쓰게 된 배경에 대해 조사
해 보고 쓰라.

_____

_____

_____

_____